碎石

万科股权之争深度解析

韦康博 著

SPM
南方出版传媒
广东经济出版社
·广州·

图书在版编目（CIP）数据

碎石：万科股权之争深度解析 / 韦康博著.—广州：广东经济出版社，2016.11
ISBN 978-7-5454-4907-5

Ⅰ.①碎… Ⅱ.①韦… Ⅲ.①企业—股权管理—研究—中国 Ⅳ.①F279.246

中国版本图书馆CIP数据核字（2016）第260121号

出版发行	广东经济出版社（广州市环市东路水荫路11号11~12楼）
经销	全国新华书店
印刷	北京盛兰兄弟印刷装订有限公司（北京市大兴区黄鹅路西临89号）
开本	787毫米×1092毫米 1/16
印张	16
字数	211 000
版次	2016年11月第1版
印次	2016年11月第1次
书号	ISBN 978-7-5454-4907-5
定价	48.00元

如发现印装质量问题，影响阅读，请与承印厂联系调换。
广东经济出版社常年法律顾问：何剑桥律师

vanke

前言

2015 年 7 月，震惊商界的万科股权争夺战强势打响，时至今日，已经持续一年有余。这场备受瞩目的商界大战在股权领域可谓是空前绝后，媒体消息一路跟进，事态冲突持续白热化，政府部门也不得不介入受理。那么，解读这场股权大战最合理的方式是什么呢？我们不妨沿用古人的智慧，用《孙子兵法》的三十六计来化繁为简演绎这场“战争”。

万科股权争夺战第一计：瞒天过海

宝能集团是国内一线房地产企业，也是宝能系资本集团的中心，更是万科股权之争的发起者。自从初次举牌万科以来，宝能大举增持万科股份，意欲收购万科，“万宝之争”的商界大戏就没有停过。

而万科对于宝能来说就是一个“庞然大物”，这种以小搏大，却持续一年有余的战况是如何形成的呢？宝能是怎样暗地买入万科股份而令万科起初竟无从察觉的呢？小宝能用“瞒天过海”的计策进军大万科，当万科发觉时，就已经措手不及了。

万科股权争夺战第二计：连环计

瞒天过海之计被识破的宝能，并没有停下“进攻”万科的脚步，反而在被曝光的情况下更加肆无忌惮。控股万科并成为万科的重要股东，是宝能此次大举增持万科的目的。所以，一开始不温不火的瞒天过海是第一环进攻，阳光之下的“举牌战役”是第二环，到了后续发展的第三环则是全面发动“宝能系”大量成员同时买入万科股权，进而大举增持股票。

万科股权争夺战第三计：借刀杀人

面对“宝能系”的强势进攻，万科有些招架不住。在万科股权分散的制度下，以王石为首的万科管理层并未持有太多的万科股权，而在这个资本为王的市场环境下，面对驰骋在资本市场的“宝能系”，王石等人自然是有些无力反击。

但是，这并不代表万科会放弃抵抗，任人宰割。既然当下无法自救，那就只好请求外援，借强援之手压制“宝能系”的嚣张气焰。于是，一项“引进深圳地铁作为万科重要股东”的议案悄然展开，并且对外宣称为“万科重组”。万科要用深圳地铁的参股来稀释宝能的股权，延缓其收购万科的步伐。这一招“借刀杀人”用得漂亮，只是这一招最终的效果如何，还需要看商战领袖们如何运作。

万科股权争夺战第四计：围魏救赵

面对万科的借刀杀人之计，“宝能系”自然不能坐以待毙。可此时的宝能虽然位列万科第一大股东，却没有获得万科的董事会席位，万科重组的议案需要经由董事会决议通过，处在劣势的宝能四处寻求解围之计。就在这时，宝能看到了华润。

华润这位万科原第一大股东，因为“宝能系”的大举进攻已退居第二。但作为万科的股东，华润理应与万科站在同一利益战线，又凭什么会反过来帮助宝能这个“外人”？

至于宝能为何会选中华润，应当包括以下两点原因：第一，这位万科原第一大股东，在“宝能系”大举进攻之后，其股东地位退居第二，倘若深圳地铁入主万科成为万科的第一大股东，那么华润的地位便会再度滑落至第三，作为央企国资公司，华润或许会把“面子”看得更为重要；第二，华润在万科拥有董事会席位，可以对万科重组的议案行使否决权，若有华润从中阻挠，重组议案必然无法实施。

然而，现在的问题是，华润作为万科的股东，凭什么会反过来帮助宝能这个“外人”？况且，在宝能大举增持万科股份的初期，华润曾与宝能进行过一场争夺第一股东的角逐，理论上来说，二者是对立关系。而对此，宝能却显得成竹在胸。宝能的目的是阻止万科引进深圳地铁，以稳固自己的收购计划，而华润的目的则是维护企业的形象和地位，二者有相同的利益诉求，利益面前可以反目成仇，当然也可以化敌为友。

事实证明，宝能是对的。华润通过在董事会议上行使否决权，使得万科重组的计划被迫搁置，原本主角是宝能与万科的战场，最后却演变成了华润与万科的角逐，更让万科诧异的是这场“围魏救赵”的计谋行动竟是由华润演绎出来的。而这个剧情的大逆转，又是源起何处呢？

万科股权争夺战第五计：借尸还魂

眼看信心满满的重组计划即将夭折，万科开始积极寻求新的对策。就在各方相持不下的时候，“战场”上突然传出了一个消息，声称万科已经找到了一个强大的外援，这个外援强大到万科的管理层团队可以全体离开万科前去投奔，并且在那里仍然可以打拼出一片天地。

这一招被外界冠以“借尸还魂”的招数实则来者不善，因为它透露出万科管理层利用宿主资产为自己另谋出路的违法行为。对此，万科管理层强势回应，称此说法纯属“造谣生事”，这个外援不过是正常的商业交流活动。

借尸还魂关系着万科是否易主，而万科管理层的回应却又令真相扑朔迷离，到底谁的说法才是事实呢?

万科股权争夺战第六计：趁火打劫

面对万科、宝能、华润的大乱战，万科这块“肥肉”已经完全暴露在了阳光之下，各方势力都对此觊觎不已，进而从一开始的观望变成了参战。万科的防御渐渐松散，“趁火打劫”的心态也在参战方的心中迅速蔓延。只是不知，这番“打劫”到底能够获取多少收益。

万科股权争夺战第七计：隔岸观火

万科的“股权大战”已经发展成一场混战，参战方的利益代表正在不断增加，所有人都想在这场混战中获得一些利益，而介入之后才发现战争的火力似乎太猛烈了一些。所以纵观整个战场，参战方各个丢盔弃甲，一片混乱，面临弹尽粮绝的局面。

然而此时，有一个人却在局外默默看着这一切，如今他感觉时机到了，趁着所有参战方疲累之际，他大出奇兵，一出手就获得了万科第三大股东的位置。如此坐收渔利的时机拿捏，着实高明！

万科股权争夺战第八计：反间计

万科“股权大战”的战争形式除了“武斗”之外，又升级演化出了“文斗”，并且在舆论的助推之下进一步激化，公众的目光倒是被这些“文斗”吸引了过来。

在“文斗”当中，各方开始互相质疑，甚至达到了肆意抹黑的地步。于是，多渠道下的舆论博弈，见招拆招、多方对峙的局面便呈现在了公众面前。而后舆论升级，矛盾激化到了法律的层面，资本博弈演变成了法律对抗。面对一桩桩的诉讼案，各方又是怎样借力打力，实行“反间计”的呢？

真实情况下的万科“股权大战”要精彩得多，我们所能见到的只是一些零零散散的资讯，不足以串联起来一同了解。本书从万科股权之争的起源说起，串联起所有事件的始末缘由，送给读者一场精彩绝伦的商战盛宴。

让我们从零开始认识万科的股权争夺战，探寻“战争”中的企业情怀和市场规则，体会利益驱使下的人情冷暖和商业规则，预测前路未明的万科命运，为今后的商海记载下一个波澜壮阔的商战，并收获创业守业的黄金法则……

碎石

万科股权之争
深度解析

目录

CONTENTS

PART 02

万科 VS 宝能，谁的杠杆撬动得更疯狂？

一场震撼中国的股权之争

PART 03

vanke

白热化阶段的股权争夺战

谁来掌控已失去理智的局面?

CONTENTS

PART 04

万科究竟需不需要王石的情怀？

万科到底需要怎样的情怀？

PART 05

vanke

华润与万科为何会反目成仇？

华润到底在反对什么？

CONTENTS

PART 06

谁会向王石伸出“潘多拉之手”？

465亿的豪赌与激情

PART 07

vanke

新力量如何入局万科股权之争？

万科争夺战拥有多少入局者？

CONTENTS

PART 08

万科股权的诱人之处

为何众人觊觎万科股权?

PART 09

vanke

万科股权争夺战将如何延续？

简单外表下的复杂内幕

CONTENTS

PART 10

万科股权之争的功与过

生死存亡之下谁来担责?

PART 11

vanke

万科法律博弈下的归宿

万科事件讲情怀还是讲法律?

碎石

万科股权之争
深度解析

vanke

PART 01

王石的万科，还是万科的王石？

命运主导之下的血脉相连

万科原本是一家多元化发展的企业，是王石决定了它以后的经营道路——主营单一的房地产业务，同时，不做多品种的房地产经营，只做住宅开发。这种经营形式让万科不用分散精力在其他事情上，只需要集中力量专心做一件事。不久，万科在住宅领域便取得了辉煌成就，成为全球最大的住宅开发企业，可以称得上是无人能敌。

但万科最令人津津乐道的还不是它的那些傲人成就，而是在 1988 年进行股权改制时，创始人王石竟然主动放弃原本可以拥有的 4100 万股本中的 40%。这可是一笔巨大的财富，所有知晓这件事情的人都无法理解王石当初为什么会有这种奇怪行为。此后，虽然王石也对外解释了他的“弃权”原因，但事实到底如何，谁也说不清楚。

这些年，王石作为万科的董事长，可谓是将自己全部的精力都投入经营中。如今，面对“宝能系”和华润等大股东的凶猛来袭，王石是否还能保住他在万科的位置，绝对是大家最关心的事情。

但对于“王石的万科，还是万科的王石？”这个问题，现在谁也无法给出一个合理的结论。不过，无论结果如何，王石对于万科的影响和贡献，一直都是无人能敌的。

王石当年为何要放弃万科股权？

成立于1984年的万科，可谓是中国房地产行业的“领头羊”，一直保持着高速增长的趋势，市值一度超过2600亿元人民币。但是作为万科创始人的王石，却在多年以后落得个即将被扫地出门的尴尬局面。这到底又是为什么？

事情还要从万科创办时说起。

1984年，33岁的王石在深圳创建了“现代科教仪器展销中心”——就是万科的前身，主要经营视频器材与办公设备的进口销售业务。1988年，随着经营业绩的提高和公司规模的不断扩大，王石决定将公司更名为“深圳万科企业股份有限公司”，并正式进入房地产行业。

到1991年年底，万科的业务已经涉及很多方面，包括进出口销售、房地产、投资、零售、媒体、电气工程等各大类。有人曾经评价说：“当时的万科，除了违法犯罪的行业不涉猎外，其他基本上都涉及了。”又发展了几年，万科决定放弃多元化经营，主营单一的房地产业务。同时，不做多品种的房地产经营，只做住宅开发。这种经营形式，让万科不用分散精力在其他事情上，只需要集中力量专心做一件事。不久，万科在住宅领域内便取得了辉煌成就，成为全球最大的住宅开发企业，可以称得上是无人能敌。

万科的成功靠的绝对不是运气，也不是能够过早地看到住宅领域内的潜力，而是有一套成功的现代企业管理模式和一支优秀的团队。

但最令人津津乐道的，还不是万科在短短十几年时间内所取得的那些傲人成就，而是在1988年进行股权改制时，创始人王石竟然主动放弃原本可以拥有的4100万股本中的40%。不要说在那个物质条件匮乏的年代，即便是现在，这也是一笔巨大的财富。所以，所有知道这件事情的人，都无法理解王石当初的离奇行为，不明白他为什么要放弃这笔巨资，甚至还有人嘲笑他就是个傻子。

当然，对于为何会放弃这笔唾手可得的财富，王石曾经给过外界一些答案。

他说，原因主要有三点：

“第一，我当时自信爆棚，只想做一名职业经理人，我认为，即便不用通过股权控制，我依然能够管理好万科。而且，我这个人还有点自视清高，觉得商人赚大钱就跟个暴发户似的，一看就是没文化、没品位。

“第二，中国有句古话叫作‘不患寡，患不均’，意思就是，当周围的人都穷的时候，一切都相安无事；但当有人突然变得很富裕的时候，这个人就会招人嫉妒，陷入一个很危险的境地，随时都可能招致杀身之祸。我也不是那种视金钱如粪土的人，我也很看重钱，而且那笔钱也不是脏钱，是在合法的状态下赚取的钱。但是即便再合法，在当时的那个社会大环境下，大家的价值观就是那样，不管你赚的钱合不合法，你突然有钱了，大家就不会认同你了。所以，在名和利之间，我果断地选择‘名’，放弃‘利’。

“第三，我当时其实还蛮害怕的，你想，那么一大笔钱突然砸向你，能不害怕吗？我根本就不知道该怎么处置这一大笔钱。毕竟，那时候也不像现在，有那么多理财产品。所以，我想还是直接放弃算了。而且，1988年进行股权改制时，万科的股票并没有后来那么值钱。但有一个人很支持我的事业，那就是我的母亲。她用3000块退休金，买了3000股万科原始股，没想到后来原始股竟然翻了将近500倍，我母亲一夜之间变成了‘富婆’。

“现在也有很多人会问我后不后悔当初的决定，毕竟，如果没有放弃那笔股权，我现在至少也是个亿万富翁。我特别真心实意地跟他们说，我一点也不后悔。这绝对不是说空话，因为即便当初不放弃，现在我也会将它们都捐出去。不过现在再捐的话就没有那么容易了，因为我已经出了名，亲戚朋友也有很多，如果再捐出去，一来，别人会说我是在作秀；二来，亲戚朋友也不会同意的。”

万科可以算得上是改革开放以后最早上市的企业之一，在股份制改造的1988年，当时的规定是“四六开”，也就是国家拥有60%的股权，企业拥有40%的股权。王石作为创始人，还是没有合伙人的创始人，绝对会占有绝大部分股份。在“红头文件”发下来不久，他就明确表示放弃这些股份，肯定也是经过多方考量的。王石原本在国企工作，是在给国家和老百姓创造财富，现在突然之间拥有这么多股份，他肯定会有些惶恐不安，不知道是福还是祸。在那个年代，一个人突然变得很有钱，确实是件很危险的事情。在当时的情况下，放弃40%的股权，对王石来说，或许真是个明智之举，也是不得已而为之的抉择。

据说，王石放弃万科股权原本并不是一件公开的秘密，至少社会上知道的人并不是太多。后来会成为众所周知的事情，是因为2014年2月在东京无印良品总部演讲会上，轮到王石发言时，他表示，一直以来，在大陆百名富豪排行榜中，他从来都排不上名号。原因是在1988年万科股权改制时，他放弃了自己的个人股权，并且一直都拥有极少的股份。

或许王石当初的抉择会让他有些遗憾，但是他的这一选择也的确成就了万科，不但使万科避免了成为少数人所垄断的僵化组织，而且还建立了最平等的企业文化、最简单的人际关系，以及最有效的纠错机制，吸引了无数优秀的人才相继加入。股权分散确实有一定的好处，但同时也给万科带来了巨大隐患。虽然万科的管理层能够通过自己的经营方式为股东创造巨大的财富，但当一笔笔财富到手后，股东会千方百计地剥夺管理层手中仅剩的一些权力，让他们成为一个毫无实权的“财富制造机”。

1994年，刚刚上市不久的万科，就被“君安证券”所联合的4家股东盯上了，它们企图通过手上的股权进入万科董事会。虽然当时它们持有的万科股权加起来也不超过11%，但就是这么一点股权，也将万科搅得鸡犬不宁。

其实，这次“宝能系”举牌万科，事先也并非毫无征兆，早在2014年，就有人猜到这件事早晚都会发生。当时，万科股价一度处于低迷状态，公司很多高管就明确表示要警惕“门口的野蛮人”，并指出，像万科这样习惯过舒适日子的公司，即便手里有一副好牌，也不会懂得如何运用。若是正赶上市场低迷，守在门口窥视很久的“野蛮人”就会随时跳出来分一杯羹。

不过，王石绝对不是第一个被逐出公司的企业创始人。1985年，苹果公司CEO乔布斯就被股东联合逐出自己一手创建的公司。虽然后来乔布斯又重新回归苹果，并将苹果打造成为世界上最成功的科技公司。但与乔布斯相比，王石若想再回归万科，几乎毫无可能性。王石一直就是个自信心爆棚的人，或许正是他的过于自信，才导致了今天这样的悲剧。

从“宝能系”打万科的主意开始，王石就表现得过于自信。他总是率性而为，天真地以为只要自己坚持，就一定不会丢掉职位，丢掉万科。这种决绝的态度，让他觉得联合别人是件很没必要的事情，最终导致他与其他大股东之间的关系越来越差。正如一些人所评价的：“作为公司创始人，王石的一些行为可以被理解；但作为职业经理人，他的很多行为早已越界，这就会伤害到其他人的利益。那么，那些利益受害者，又怎么可能不联合起来将他赶下台。”

没有王石的万科，还是万科吗？

在王石的一生中，虽然总会有或大或小的困难接踵而至，但他从未像现在这样憋屈过。即便是在市场经济并不发达的20世纪80年代，他也能仅凭一时之勇，徒手创办万科，并将其发展成为世界五百强企业之一。可如今，却有人千方百计地不仅想将他从原有的位置上赶下台，而且还想夺走他一手创办的企业。最后的结果如何，谁都不清楚，但人们最担心的还是，万科如果没有了王石，那还会是万科吗？

“宝能系”和万科之间的斗争由来已久，但一直都没有拿到台面上说，可这次，两者之间似乎要“全面开战”了。“宝能系”是想“一举歼灭”万科的原有管理层，让自己获得实际控制权。而以王石为代表的万科管理层，似乎也没有拿出什么有效的应对方案，只是被动地等待着被赶出局。无论最后的结果是万科的管理层全体被淘汰出局，还是“宝能系”达到预定目标，作为世界最顶尖的房地产企业，万科都将面临百年难遇的艰难局面。而且，这也是包括王石在内的全体管理层所要面临的危境，一旦“宝能系”在这场斗争中占据上风，那么，包括万科，包括以王石为代表的万科管理层，都将会遭遇最严重的打击。

发生在万科的这一幕，虽然令人唏嘘不已，但这只不过是商业领域内经常会出现的烂俗戏码，无非就是公司的创始人被踢出局，控制权落入他人之手。这在中外商业史上经常会发生。

但是，它毕竟是万科，他也毕竟是王石。人们可以容忍其他企业发生这样的事情，却无法容忍这件事的主角是中国最优秀的企业家之一和中国最优秀的商业企业之一。作为一家跟随改革开放的步伐发展起来的企业，万科代表着中国商业企业的起点，其企业文化、管理能力、价值观和高效的业绩，无一不是人们茶余饭后的谈资，无数家企业也都在费尽心思地想从它身上学习点什么。

而当王石决定放弃 40% 的股份，专心做万科的职业经理人时，就注定他终将会有那么一天，要面临被“剥夺权力”的危险境地。在过去的几十年里，他一直将理想主义和人文主义情怀融入万科的经营中，也确实成就了一家出类拔萃的世界名企。尤其是大股东华润的放手管理，更是让王石能够尽情发挥自己的管理才能，让万科在无数风浪面前，始终保持平稳发展。

或许在王石的心里，他还天真地认为这样的美好场景能够一直持续下去，管理层和股东也能够和谐相处，永远都不会产生矛盾，这种美好而又平静的局面，不会有任何人前来破坏。但是当万科一天天在壮大，逐渐变成一块人们争相抢食的大肥肉，并开始进入世界五百强行列，市值也超过了 3000 多亿元，股权又分散成碎片时，又怎么可能不被围猎者盯住？即便没有“宝能系”，也还会有其他的大企业前来分食。所以，王石的理想主义，在资本市场根本就行不通。

资本市场有一套独行的运营规则，用到的标准也根本无法判断，因此，“宝能系”夺取万科的股权，只是一种商业行为，无所谓道德不道德。而它踢出万科原班管理层的行为，也是作为大股东的一种权力，与道德并没有太大的关系。一直以来，在王石的眼里，谁夺取万科的股权，谁就是十足的“野蛮人”；而在宝能眼里，夺取万科的股权只不过是一种商业行为，万科也不过是自己一直想要的一个获利企业而已。

也许正是王石的一些傲慢行为彻底触怒了“宝能系”，所以他们才会想尽办法将王石团队赶下台。但不得不说的是，王石在万科股权纷争中的一些行为确实有些过激，这直接加重了以他为代表的万科管理层的权力危机。王石一直都是个自信而又自负的人，他总是将权力看得太重，认为哪怕没有股份，只要掌握了万科的控制权就可以高枕无忧，而且他还绝对不允许他所信任者以外的人对万科指手画脚。这种“经营洁癖”，令他一步步走向绝境。

王石的行为激怒了“宝能系”，于是，王石和他的团队成为被攻击的目标。但是从某些方面来说，“宝能系”的这种行为，无疑也是在将万科推向毁灭的深渊。毕竟万科的管理层对万科了如指掌，万科能发展到今天这个程度，也全都是靠他们的努力，他们可谓是万科的核心财富。将他们踢出万科，无疑是釜底抽薪，将会给万科带来毁灭性的打击。

如今的万科可谓是一个价值连城的珍宝，明里暗里不知道被多少人盯着，这些人都等着能够分一杯羹。被“宝能系”接手后，万科的未来会是什么样，始终是个未解之谜。但至少可以肯定的是，假如以王石为代表的管理层被驱逐出去，那么万科必将陷入动荡之中，品牌的总体价值也将会大打折扣，核心人才也必将严重流失，公司的整体运作也将陷入泥潭。因此，“宝能系”一定要做好准备，以便随时应对万科的无常变化。

实际上，万科的管理层对宝能、恒大等大股东的举牌行为已经进入冷静期，比如在2016年半年报中就将其称为“股权事件”，而不是竞争色彩浓郁的“股权争夺”。在此后的一次业绩会上，万科的管理层也将此事件定义为内部股权问题，而不是一场带有硝烟的战争。

这也是在表明，万科的管理层对新入局者的态度发生了很大的转变。要知道，就在2015年年底，王石还公开斥责宝能是没有信誉的企业，并指出一些股东正在“恶意收购”万科股权。然而，在2016年6月份的股东大会上，他却一反常态，对自己之前的行为表示歉意。或许这就是万科推出的新方法，运用平和的态度，让这件事情尽早归于平静，以便让万科在舆论的旋涡中全身而退。

王石无疑是万科的最佳形象代言人，无论他说什么样的话，人们总能够将他和万科联系在一起。但是规模庞大的万科，是不允许管理者随性而为、想说什么就说什么的。因此，王石后来的道歉行为，也是为万科的发展着想。事实上，万科的发展确实离不开王石的领导。无论是之前的“十年千亿战略”，还是后来经济危机下的业务调整，万科都在王石的带领下，用不同的方法解决了各种问题。事实证明，王石确实是万科的“最佳领导者”。

有人曾经预测，万科股权之争，最终会出现两个结局：一个是万科的股份都集中在一个大股东手里，而这个“大股东”或许是一家公司，或许是某个自然人，无论是谁，他都将是万科未来的实际控制人；另一个是以王石为代表的万科现有的管理层集体出走再创业，一旦王石带领管理团队出走，万科不但会人才流失严重，而且销售业绩也会出现直线下滑的趋势。

当然，即便万科最后被宝能和恒大两大企业合并，这二者之间也不会是简单的对半分的关系，而会涉及更多的层面，到时候，万科受到的伤害会更大。

其实，万科的股权之争对万科的发展还有更加深远的影响，并不是简单的王石在不在的问题。如果万科管理层与各股东彻底决裂，那么，或许在短期内对万科不会造成太大的影响，但从长期的发展来看，副作用却相当大。

不过，从一些情况可以看出，即便最后的赢家是以“宝能系”为主的大股东，无论他们派谁来接管王石的职位，都无疑要顶着巨大的压力，而且时刻都要小心翼翼。做得好也就罢了，做得不好，哪怕是原地踏步，恐怕都会招来一片骂声。因为大家一定会拿他和王石做比较，稍有不慎，可能就会被骂得体无完肤。

在世界商业史上，企业做大之后，创始人被踢出局的例子并不少，但是这些企业的结局似乎都不太好。因为把一手创办企业的人踢走，与之相关的企业精神也会随之离开，企业又怎么可能不走下坡路？

虽然，万科的未来现在还无法预测，但是在“国企 + 机构 + 民资”的复杂格局下，万科未来的管理模式，或许不会太美好。

“硬汉”王石要捍卫的是什么？

对于王石而言，如果是为了个人利益，他完全没必要和“宝能系”死磕到底，更没必要向已是万科第一大股东的“宝能系”下战书。他这么做，更多的是因为他对自己一手创建的万科怀有强烈的感情，是对万科现有价值的一种坚守。

在这场罕见的商业大战中，万科、“宝能系”，甚至是王石个人，都受到了前所未有的关注。人们似乎弄不明白，在这场战争中最后谁胜谁负。毕竟一个是手握巨资的商业巨鳄，一个是世界级房地产公司的实际掌控人；一个对得到万科第一大股东的宝座自信满满，另一个却对外宣称绝对不允许门外的“野蛮人”加入进来。

虽然在第一回合中，“宝能系”赢得了绝对胜利，取代华润成为万科的第一大股东，但这会不会只是一场短暂的胜利？对此，或许谁都说不清楚。也许在不久之后，以王石为代表的管理层会后来者居上，一举将“宝能系”踢出万科。

2015 年 12 月 17 日，作为万科灵魂人物的王石，以内部讲话的形式明确表示，万科绝不欢迎“宝能系”成为自己的第一大股东。

在这次讲话中，“硬汉”王石阐明了不欢迎“宝能系”的四大原因：一是宝能信用度低；二是宝能能力欠缺；三是华润对于万科来说，是非常重要的一个大股东；四是宝能的做事方式不适合万科。而宝能方面也迅速做出反应，表示一切“按规则办事”。

在此次讲话中，王石不仅重申了万科的企业价值观，而且在拉拢其他中小股东的同时，强烈鼓励他的团队成员。不过，此次讲话中虽有客观的一面，但也略带情绪化。可见，在面对一只脚已迈进万科大门的“宝能系”，王石这次真的有些着急了。之后，他还通过微信朋友圈直接对外宣布，万科绝对不会成为“宝能系”的万科。他说：“姚（振华）先生(宝能集团董事长)，我、郁亮和团队不欢迎你的‘宝能系’成为万科的第一大股东。”

在“宝能系”即将坐稳万科第一大股东的位置之际，王石的这番话无异于直接宣战。而在此之前的内部讲话中，王石更是重点指出宝能的信誉有问题。依照他的说法，万科之所以能够一直发展这么好，就是因为万科有一个最大的无形资产，那就是公司的品牌和信誉。而且，国际评级机构给万科的评级，也是全世界地产公司中信誉度最高的。万科一旦被“宝能系”控股，那么，万科的信用评级必将会被重新调整，这对于万科来说是有害而无利的。

王石说：“你宝能首先要逐步建立起整个系统的信用体系，万科也是从很小的公司一步步走到今天的。什么时候你(宝能)的信用赶上万科了，什么时候我就欢迎你做大股东。”王石这种带有条件的话语，无异于将“宝能系”拉入敌对阵营。而且，王石还认为，“宝能系”利用杠杆资金实施举牌收购的行为，是在进行一场赌博，这根本就不符合万科的品牌地位。

另外，面对“宝能系”的强烈进攻，王石在内部讲话中，也不忘安抚自己的团队员工。在他看来，万科的管理团队实力非常强大，从之前的业绩就可以看出来。所以，不要管“宝能系”占有多少股份，万科员工当前要做的就是把自己的工作做好，因为万科最宝贵的财富就是员工。王石还认为，在一个企业，任何一个股东独大都是不对的。宝能是有雄厚的财力，但是有钱也并不代表拥有一切，也要遵守规则。只有符合规则，才能将企业发展好。

其实在多年前，万科就曾遇到过“野蛮人”的入侵，只不过在较短的时间内就取得全胜。多年以后，面对“宝能系”更加凶猛的侵入，万科是否还能安然无恙，这就无人知晓了。

与一般企业有所不同的是，万科之所以能够成为中国房地产行业内的老大，主要原因并不是钱多，更不是地多，而是它所拥有的独特体制和多年以来所形成的企业文化。而“硬汉”王石主要捍卫的，正是万科的这些内在价值。

一直以来，在中国内地前100名富豪排行榜中，王石的名字从来都不在名单内。因为在很久之前，他便主动放弃了唾手可得的股权。直到现在，王石在万科拥有的股份都是微不足道的。这表明，在王石的眼里，有没有第一大股东的位置并不重要，最重要的是这个位置由谁来坐，坐上去的人能否将万科管理得更好。

所以说，单从个人利益而言，王石似乎根本没必要向已是第一大股东的“宝能系”下战书，他更多的是想坚守万科的现有价值。而这种坚守，正是很多企业人所缺乏的。

王石捍卫的是万科的核心价值，否则在1988年万科股权改造时，他就不会那么坚决地放弃自己的股权，也不会这么多年来，从未想过为自己争取一些股权，他只是一心想让万科发展得更好。而正是他的弃股行为，让万科具备了四个很明显的优势：

1. 激发管理层的工作动力

没有股份，便意味着管理层如果不能做出业绩，随时有可能会被踢出公司，失去对公司的主导权。正如王石所说，他没必要通过控制股份来管理公司，他凭的完全是个人能力。如果董事会认为他不称职，随时可以将他赶下台。

2. 管理层更加关心企业的成长

管理层放弃了股权，那么他们就不可能通过财富的增长来实现自我价值，各种财富排行榜上也不会有他们的位置，他们将会更加关心企业本质性的成长。正如王石所说："在公司，虽然并不是我说了算，但我却能调动所有的资源，并为企业创造无限的价值，这也是很不错的。很多企业家总是害怕股权变更会让他失去掌控的权力，并因此让企业渐渐失去活力，这根本就是得不偿失的事情。"

3. 民主氛围让万科避免犯下大错

王石放弃万科股权，成为职业经理人，让万科内部没有老板。在相对平等的身份下，每一次的讨论氛围都会轻松很多，大家也都能够直抒己见。因为员工们都能各抒己见，而王石又有相应的判断力，所以万科的战略决策没出现过什么大错。

4. 万科唯才是举，不存在衰败

许多企业正是因为接班人的问题，才导致企业衰败。王石当年如果没有放弃股权，如今就会涉及把这些股份传给谁的问题。若是接班人有能力还好说，若是没有能力，那么万科必将陷入危机之中。所以，万科从来都是唯才是举，不存在血缘接班的问题。

王石曾经说过："很多人都不明白我到底在捍卫什么。其实，我所捍卫的并不是我一定要拥有万科，或者做万科的董事长，我捍卫的是这么多年来我在万科形成的文化。这个文化说白了就是品牌，只要有了这个品牌，万科随时都可以贷到款，万科的产品也随时都可以销售出去。所以，我和'宝能系'死磕的目的，绝对不是为了牟取私利，而是不想万科好不容易形成的品牌价值被他人破坏掉。"

也有人认为，万科此次的危机，主要还是因为万科的股权太过于分散，缺少一个控股的大股东。虽然王石是万科的创始人，但他却主动放弃了所拥有的股权。对于当初放弃股权这个决定，王石一直都表示从不后悔。那么，如今在万科面临危机之时，他会不会改变之前的想法?

对于这个问题，王石说："我也是个野心很强的人，我也想自己能够名利双收，但是，一个人要做到名利双收几乎没有可能，所以在'名'和'利'之间，我选择了'名'。虽然此次万科遭遇的大危机，可能确实跟我之前放弃股权有一些关系，但每个人都要为自己的决定负责，所以，无论万科在这场战役中的结局如何，我都不会后悔当初的决定。"

尽管舆论从一开始就偏向万科，但商业之争从来靠的都是实力。所以，无论"硬汉"王石主要捍卫的是什么，一场世纪之战的序幕都将拉开。至于结果如何，人们只有拭目以待了。

“万宝之战”是王石一个人的战争？

当年，王石采取对敌联盟各个击破的方式，在无声无息中就将“君万之争”中的危机巧妙化解，为自己赢得了万科20年的管理权。如今，当“宝能系”挟持巨资凶猛来袭之时，王石终究还是太过于自信，太过于高傲。在他看来，宝能根本就不配做万科第一大股东。但是资本市场讲的不是配不配的问题，而是以实力说话。20多年前，王石凭借市场规则将君安踢出局；20多年后，宝能也可以用同样的方式将他踢出局。

王石在此次“万宝之战”中的表现似乎没有20多年前那般优异，当宝能初次举牌万科时，他居然毫无反应，是他过于自信，还是完全没有发现其中隐藏的危机，这无法作出判断；当宝能再次举牌万科时，他却冲动地对宝能的当家人姚振华说：“万科不欢迎宝能的加入。”如果说万科只是王石的万科，他当然可以对姚振华说这样的话。但王石只不过是万科的职业经理人，股权还不到2%，根本就没有实际控制权。20多年的倾情投入，早已让他忘却了自己的真实身份。要知道，王石的职责是为万科的股东管理好这份产业，而不是选择自己的老板。王石自信他可以轻易地击溃宝能的阻击，但这次他真的大错特错了。

1. 错在过早对宝能宣战

宝能第一次举牌万科时，王石表现得还算淡定；但是当宝能第二次举牌万科时，王石的反应居然那么强烈，他直截了当地对姚振华说宝能不配做万科的大老板，这种丝毫不给对方面子的行为，是人际交往中的大忌；等到宝能第三次举牌万科时，王石把全部筹码都压在华润身上，希望它能够夺回大股东的位置，却没想到宝能会继续增持；宝能第四次举牌万科时，王石才匆忙地从幕后走向台前，和宝能面对面开战。

所以说，王石最大的错误，就是在宝能第二次举牌万科时，就迫不及待地表达了自己内心的情绪。这种高傲的做事方式，只会给自己惹来麻烦。

2. 错在过早拉同盟下水

王石在向宝能宣战的同时，一并把以郁亮为代表的万科管理层都拉进自己的战壕，这其实是个非常错误的决定。因为“万宝之争”或许刚开始只是王石“一个人的战争”，而他却过早地将自己的同盟拉进来，这就彻底堵住了与宝能协商的通道，导致这场战争从可以避免变成了无可避免。王石迫不及待地单方面宣布郁亮等人也加入这场战争，如此仓促的表态，会让他的同盟毫无准备，甚至还会感到有些无措。

从传统的忠诚观来讲，无论郁亮等人是真心，还是迫于无奈才愿意与王石共同战斗，但王石的仓促表态，已经将他们立于无路可退的境地。除了和王石并肩作战外，他们似乎再也没有第二条路可以选择。所以万科的管理层看似枪口一致对外，但一旦失败，他们都会变成王石的垫背。可以预料到的结局是，王石一旦被踢出局，那么，他们也同样会被踢出万科。

3. 错在忽视华润的感受

王石过于自信地以为，只要他抬高华润的地位，华润便会站在他这一边，在关键时刻帮他一把。但这一切只是他的一厢情愿而已，他始终都没有考虑过华润的感受。要知道，华润作为巨无霸级的企业，把面子看得比什么都重要。可是在王石以往的想法里，华润作为万科之前的第一大股东，是无须劳动、坐等数钱的“绣花枕头”。这种认为华润毫无用处的想法，无疑给了华润结结实实的一大耳光。

而且多年前，华润曾经想将华远地产注入万科，却被王石以其他形式搞掉了，接下来的这些年，华润再也没有继续增持万科。对于此种缘由，相信大家心里都清楚。如今，宝能入侵，万科陷入危机，王石这才想起华润的重要，但那又有什么用?

4. 错在淡忘了自己的定位

当初万科股权改制时，王石果断地放弃自己所拥有的股权，安心做起了万科的职业经理人，致力于将万科打造成最成功的企业。而且事实证明他也确实做到了，可以说，没有王石，也就没有万科的今天。但可惜的是，这二十多年来，王石似乎渐渐淡忘了自己管家的角色定位，将自己视为万科的所有者，如此一来，悲剧必定难以避免。

很多人都认为，在这场“万宝之争”中，王石是该被同情的角色，但是，分析王石在此间的所作所为就会发现，绝对是他过于自负才导致了后面出现更大的危机。虽然宝能拥有强大的资本，但也并没明确表态不愿意与王石坐下来商量。可是王石一开始就将自己的后路堵死，过早地拉上自己的同盟来垫背，这才有了后来的惊人局面——宝能与华润联合起来踢他出局。

宝能和华润的联合将王石再次拉进舆论的旋涡之中，处于旋涡中心的王石，也做出明确回应：“如果有人比我做得好，我愿意下台让位。”

其实，王石从来都不怕让位，一直以来，他都做好了随时下台的心理准备。但是他却怕下不来台，因为担心自己多年来辛苦注入万科的文化价值观就此毁于一旦。

王石掌舵万科二十多年来，可以说是兢兢业业，万科如果没有他，绝对不可能发展得如此之快。但是，如果命中注定王石会被踢出局，那他为万科做多大的贡献也都无济于事。

大部分人都认为，如果将万科管理层“一锅端”，那么万科必将遭受巨大打击。为此，王石曾公开表示：“宝能和华润两大股东提出的罢免议案，会给万科的管理层带来巨大困扰，会让我们承受巨大的压力。但一切还都是个未知数，最后的结果如何，现在谁都不好说。”

他还表示，万科管理层是万科价值观的体现者，换掉管理层，不但会伤害到中小股东的利益，而且万科的品牌形象也会大打折扣。不过，只要是为了万科好，自己最后会是什么样的结局，他都坦然接受。

万科的内部人士说：“作为一名董事长，王石无疑是非常合格的。一直以来，他从来没有脱离过自己的岗位，一直在为万科的发展贡献着自己的努力。而且从万科这些年所取得的成就也可以看出来，王石绝对没有偷懒过。”

目前，宝能的发难焦点似乎还聚焦在王石的薪酬上，认为王石拿了不该拿的薪酬。对此，王石说：“我作为万科的董事长，一直都是一心一意为万科工作，为股东们谋取利益，从来都没有想过为自己谋取什么私利。要说我拿了不该拿的薪酬，那简直就是污蔑。当初 40% 的股权我都可以放弃，现在我还在乎那些工资以外的钱吗？”

有人指出，万科能取得今天的傲人成就，和王石的努力密不可分，宝能可以让王石“出局”，但无法保证万科的价值不受到损害。

对于王石而言，他的去留根本就不重要，但是能否将万科的文化价值延续下去才是最重要的，他甚至还将自己看作万科文化的守护者。另外，如果有一个更强的人能够代替他的位置，他便不会再做任何争斗。

作为与市场经济共同成长起来的创业者，王石对万科似乎在很早之前就失去了掌控力。从 20 多年前的“君万之争”，到后来的“万宝之战”，再到与华润的“反目”，这场争斗似乎因各方的沉默，而逐渐演变成王石“一个人的战争”。

PART 01

王石的万科，还是万科的王石？

命运主导之下的血脉相连

王石说：“从创业到现在，万科走了很多弯路。从多元化到专业化，足足用了9年时间，其中就存在很大的问题。作为发展多年的企业，万科到现在还是有股权上的纷争，也不是一个太好的状况。但是万科从来不是我王石一个人的万科，我之所以会极力地参与到这场战争中，是因为我不希望在不久的将来，万科变成一个完全失去价值的万科。”

王石出局万科是否早已注定？

对于王石而言，万科就像是一只风筝，无论飞得多远，拴着它的那根线都始终握在自己的手里。他也想这只风筝能够飞得更高、更远一些，但总是在关键时刻会收紧手中的线，舍不得放手。虽然他也时刻做好了失去这只风筝的心理准备，但当那一天真正来临的时候，他还是无法接受。然而这一次，事情的发展已经超出了他的预想，他的结局似乎早已注定。

2016年6月27日，在万科的股东大会上，一向以“硬汉”形象示人的王石，一度哽咽，他表示随时都可以离开万科，但希望可以让郁亮继续带领团队为万科服务。

这么多年来，王石似乎真的早就做好了时刻离开万科的准备，但是那天却迟迟没有来到。如今，在“宝能系”和华润两大股东的冲击下，他的去留再次成为人们关注的焦点。

虽然之后万科发布公告，宣称此前提出罢免王石的议案已被否决，但在很多人看来，王石的出局似乎已成定局。

2015年7月10日，当时的王石还在英国剑桥留学，当收到“宝能系”举牌万科的消息时，他意识到“宝能系”是来者不善，于是快马加鞭地赶回中国。回国后的第一件事，就是去好友冯仑的办公室，并在那里约见宝能董事长姚振华，那是他们第一次见面。两人一直谈了将近5个小时，最后，王石明确表示，万科不欢迎宝能的加入。

但是，无论王石的态度如何坚决，他都阻挡不了宝能进军万科的脚步。不久，万科的大股东在宝能的多次举牌后，不出意料地由华润变成“宝能系”。

面对“宝能系”的凶猛来袭，王石表示：万科不欢迎宝能成为第一大股东。对于万科来说，最值钱的不是房子，也不是地皮，而是品牌信用。宝能的信用度不够，它的加入只会毁了万科。

王石似乎又回归了他的本来面目，从一个近年来只知道出国游学、登山运动的普通人，回归到从前的万科董事会主席。

接下来，王石采取了两种策略来应对此次的“万宝之争”。一方面，他去拜访所有能够给他提供支援的商界大佬；另一方面，他突然转变态度，试图缓解与宝能之间的紧张关系。在一次面对媒体时，王石表示：万科、宝能、华润不应该内斗，毕竟都是中国企业，都是一家人，有什么问题完全可以坐下来好好商量。

可惜，这次宝能似乎铁了心地要做万科的大股东。所以，王石的态度转变，并没有为他带来什么优势。2016 年 6 月 26 日，“宝能系”突然在没有任何预兆的情况下，就向万科董事会提请召开股东大会，提出罢免以王石为首的万科现任董事会及监事会成员。这个突如其来的消息，让王石一时之间措手不及。

这次，宝能找到了一个好借口，他们翻出一套陈年旧账，说王石在近几年是边拿工资边在英美游玩，根本就是拿着 5000 多万元的薪水自行逍遥快活，事实上并没有为万科做什么贡献。王石在股东大会上听到这样的话感觉很是可笑，他甚至几次打断股东质疑薪酬的问题，询问他们有什么证据能够证明他是拿着高薪在国外逍遥快活，又凭什么说他没有为万科做贡献，而且，这与股东大会又有什么关系。

一位在场的人士说，当天，万科的大部分员工都表示支持王石，都在微博上表示，万科人不是资本的奴隶，大家要齐心合力捍卫万科的企业文化。甚至还有员工在微博上晒出与王石的合影，表示力挺他到底。

但还是有一部分员工，对王石近几年的作为感到失望，比如他和女明星田朴珺的“忘年恋”。这次，“万宝之争”让他们的“世纪之恋”重出江湖。

就在“万宝之争”的同时，田朴珺公开表示自己绝不是“王的女人”，并说“这辈子不要依靠任何男人”。消息一出，很快就被人们解读成田朴珺看见王石倒霉了，正急于与其撇清关系。不久，田朴珺在微博上发出四个大字——风雨同舟。

至于事实如何，谁都说不清楚。但这件事让田朴珺与王石再次处在了舆论风口。一位万科前员工说，这位“王的女人”似乎不太受万科内部员工们的欢迎，当他们的恋情公开后，很多员工对王石表示失望。

另外，这次王石对舆论的掌控再次失控，正如2008年的“捐款门”和“拐点门”那样。但在之前的两次事件中，他至少还能表现出理性的一面，可这次他却彻底失控。比如，他公开对华润说：“遮羞布全都撕了。天要下雨，娘要改嫁。我还能说什么？”

说起2008年王石遭遇的“捐款门”，很多人还记忆犹新。当时，万科向汶川地震灾区捐了200万元人民币，但很多网友觉得万科此举有些小家子气，像万科这样的大企业，怎么也不能少于500万元人民币。没想到，王石的回复却是，不作秀也可以做慈善。于是，这件本来也没多大的事，由此开始在网上蔓延。一夜之间，万科因为王石的这句话，陷入史上最严重的一次负面危机中。

不久后，又发生了一件事，将万科和王石再次带入“舆论战”中。一次，在万科楼盘会上，有人问王石，楼市“拐点”是否已经出现。王石想都没想就回答说：“是的，‘拐点’已经出现。”此言一出，不但引起大众一片哗然，而且还对房地产市场产生了巨大影响，甚至连政府也不得不干预进来。当时，因为此次事件，王石差点辞去万科董事长职务。

很多认识王石的人都对他有过这样一个评价，说他是“率性而为”。但正是这种性格，导致他一次次陷入“舆论战”中。

在2016年6月27日召开的股东大会上，王石表现出与以往不同的态度，声称自己从未用“野蛮人”来指代“宝能系”，但也承认自己的言语中有过激的词，所以感到非常抱歉。而且，当谈及为万科品牌所做的妥协，他甚至提出，如果郁亮可以代替他的位置，他同意辞职。

其实，在王石内心深处，他可能还不太相信真的有人会逼他离开万科。但事实上，在20多年前，他就曾遭遇过此类危机。

1994年3月30日，君安证券总经理向王石提出要召开新闻发布会，建议改组董事会。

王石觉得他来者不善，便立刻联系其他董事，和他们商量对策。可令他没想到的是，所有的董事都同意召开新闻发布会，说君安证券的做法是为了万科好。听到他们这么说，王石非常气愤。但气愤归气愤，自救才是当务之急。于是他于翌日便申请万科股票停牌，并在停牌期间采取紧急自救措施，终于揪住了君安的破绽，才终结了这场“君万之争”。

1999年，王石辞去万科总经理后，突然无法适应办公室的冷清环境。多年以后，每当回忆起那时的情景，他便说：“那种感觉就好像，前一天还拥有的东西，第二天就没有了，会让人感到特别失落和空虚。”

为了降低自己内心的失落感，他便离开公司，开始做一些户外运动，而且常常一离开就是好几个月。但是，即便是在登山中，他还是无法放下万科的事务，还是思考着登山与企业管理的关系。

有人曾问过王石，如何培养自己的接班人？他说，他从来不刻意培养接班人，因为把组织放在某一个人身上是很危险的。2004年，郁亮走上前台，成为王石的接班人。他对郁亮的能力表示高度肯定，但是，之后他的一系列做法，让他这个曾经的万科“金字招牌”，一度变成万科的“负资产”。

王石曾对人描述过他想要的生活：“到一个没有人的荒岛上去，那里没有任何人打扰，想做什么就做什么。那里既要远离喧闹的城市，又不能完全脱离城市，想回来看看时，还可以随时回来。”

这正如王石对待万科的态度：总想要离开，但又想可以随时回去。但是这次，他似乎再也回不去了。

碎石

万科股权之争
深度解析

vanke

PART 02

万科 VS 宝能，谁的杠杆撬动得更疯狂？

——一场震撼中国的股权之争

从王石宣布不欢迎“宝能系”入股万科，到“宝能系”成为万科第一大股东，“万宝之争”可谓是风云变幻。但无论博弈双方采取何种措施，他们都没有脱离市场轨道。在需要相关部门严查才得以曝光的资本市场中，这样明朗的股权争夺战实在是不多。

“万宝之争”已进行许久，早在2015年年初，“宝能系”就开始布局入股万科，直至2015年年底，王石对外宣称“不欢迎‘宝能系’加入万科”后，“万宝之争”才正式拉开序幕。随后，以王石为主的万科管理层、“宝能系”、央企华润、深圳地铁相继加入战局，使得这场原本只有两方的股权争夺战，变成多方参与的混战。

如今这样的场景，其实在万科成立之初就已经注定会发生。当初创立万科之初，王石根本就没有设置好股权和投票权的归属问题。万科本是国企，在之后进行改制、股权变更，以及上市工作时，均未能解决企业所有者的问题，导致公司管理层因为没有股份而总是处于弱势。没有控股权的管理者一定会很被动，要么被扫地出门，要么就两败俱伤。

万科VS宝能，谁的杠杆撬动得更疯狂？

2015年12月18日，万科A股和H股中午收市后，便立刻发布停牌公告，称万科正在筹划发行新股，用于实行“毒丸计划”的启动。

2015年，中国A股市场在“去杠杆化”上用了整整一年时间。可是，在这一年将近尾声的时候，A股市场却上演了一场疯狂的“杠杆收购战”。“宝能系”几乎是用杠杆加杠杆的方式，拿下了万科A股将近22.5%的股权，市值超过500亿元人民币。按照以往万科的分红水平，“宝能系”2016年在这笔股权上的收益，绝对可以超过融资成本。或许在万科总裁郁亮的带领下，万科还能创造出200亿元的利润，那么，“宝能系”就可以获得更多的收益。

一直以来，万科股权分布得就比较散。此前的第一大股东华润几乎从不插手万科的具体业务，因此，万科似乎是一家由管理层说了算的企业。所以，即便是股权不超过2%的董事长王石，也能成为万科的实际掌门人。

可就在2015年12月17日，宝能董事长姚振华向王石表示宝能有意入股万科时，王石却表示不欢迎。可想而知，这样直白的拒绝，会让姚振华多么气愤。但是，“宝能系”也并没有因为王石的反对，就放弃对万科股权的占有。

于是第二天，宝能立即发出申明，表示自己会严格遵守法律和规则，相信市场的力量。“万宝之争”一触即发，双方顿时火药味十足，随时都有开战的可能。

王石从来就不相信“宝能系”想成为万科的第一大股东，他认为他们只是单纯地为了投资，他断定“宝能系”的入主，是为了破坏万科现有的管理团队，而且必将损害到万科的价值观。于是，他决定立即采取行动。所以2015年12月18日中午，万科紧急停牌，准备定向增发新股，用于实行“毒丸计划”。虽然这个计划最后也没能实施，但王石确实也为此奔走于各大商业大佬之间，希望找到可以助自己一臂之力的人。

不过，对于此前有人担忧“万宝之争”会引起相关部门的加入，有关人员表示：“只要符合相关法律的规定，国家监管部门是不会干预进来的。”

其实，万科并不是唯一一家被“宝能系”盯上的企业。从2015年9月到12月，“宝能系”分别通过二级市场竞价交易以及参与非公开发行的方式，先后大量买入多家公司的股份。据统计，这些股权的总市值接近260亿元人民币。

在资金来源方面，“宝能系”的前海人寿保险股份有限公司，推出的几乎都是投资理财类的保险产品。另外，其他一些保险公司也先后举牌一些企业，像安邦保险曾举牌民生银行和金地集团；华夏人寿、生命人寿和天安财产则举牌金地集团等。在各家保险公司竞争日益激烈的大环境下，几乎所有的保险公司都不得不走上一条风险极高的“投资之路”。

那么，保险公司为何会热衷于举牌银行、地产等上市公司？据有关专家分析，举牌的保险公司都比较喜欢销售万能险，而金融机构中收益最高的是保险理财产品，收益率几乎都在7%左右，如此高的收益，已经呈现出“庞氏特征”。保险公司认为，股票的流动性要高于未在银行市场及证券交易所市场交易的非标资产。

然而，快速发展的保险规模加快了保险公司举牌的速度。2015年上半年，寿险保费同比增长了将近 50%，万能险和投连险也同比增长了 90% 左右。其中，投连险都可以投股票，万能险只有 20% 无法投股票。或许，正是万能险和投连险带来的大量现金流，才让保险公司能够利用股灾频频举牌。

2015 年上半年，“宝能系”旗下的“前海人寿”的万能险达到 481 亿元，但相比“明天系”旗下的几大保险公司，这 481 亿元就显得有些微不足道，因为“明天系”旗下的寿险公司 2015 年上半年的万能险就已经达到 2000 亿元人民币。但是，“前海人寿”要更加激进。据预算，如果在 2016 年能够保持 50% 的增速，那么，国内以万能险为主的公司的保费将增加到 1 万亿，到时候，对股票配置的需求就更加大了。

“宝能系”还有一条资金来源，就是深圳钜盛华股份有限公司的杠杆资金，其获取手段有很多，包括股权质押、融资融券、收益互换等。最高时，可以将杠杆放大两倍。

2015 年 8 月 26 日，钜盛华通过融资融券和收益互换这两种方式，分别持有万科 A 股 931 万股和 4.67 亿股。截至 2015 年 11 月 10 日，钜盛华已经通过二级市场等其他形式，总持有万科 A 股 9.26 亿股。11 月 11 日，它将其中的 7.8 亿股质押给了另一家公司。据说，这笔股可以给它带来至少 50 亿元的现金。11 月 25 日，钜盛华又和一些公司签署协议，用两倍杠杆的方式，获取了 96 亿元现金，总计买入 5.5 亿股万科 A 股。

此后，“钜盛华”又分 3 次买入 7.37 亿股万科 A 股。对于购买这些股份的资金来源，外界虽然有多种猜测，但“钜盛华”一直未给出一个明确的答案。相关资料显示，“钜盛华”的股东宝能曾质押了其将近 31 亿股的股权。之后，宝能不但将旗下 30% 的股权质押给了东莞银行长沙分行，而且还将“前海人寿”9 亿股质押给了上海银行南京分行。

这番举动对于“宝能系”来说，无疑是拿身家性命在赌。处在悬崖边上的“宝能系”，似乎早已没有任何退路，所以对于万科的控制权，“宝能系”

是志在必得。因为万科有将近2700亿元的现金，还有3000多亿元的存货可以变现，这么一块肥肉，它怎么可能轻易地放过。

其实，王石极力反对宝能入股万科的最主要原因，就是“宝能系”的杠杆收购行为实在是太疯狂了，这种拿全部身家来赌的行为，一旦失败，后果就只能是倾家荡产。所以，“宝能系”一旦成为万科的第一大股东，势必也会拿万科的性命去赌。万一赌输了，万科将会陷入万劫不复，所有的努力也都会付之一炬。但他似乎忘了，和“宝能系”相比，万科管理层的杠杆收购方式或许更加疯狂。

从2014年5月28日开始，国信证券金鹏1号耗资45亿元人民币，分级增持4.9亿股万科的股票。

这笔资金主要来源于深圳盈安财务顾问公司，这家公司的创立者，正是包括万科董事会主席王石在内的1320位合伙人，资金来自万科的利润奖金账户，以及万科1320位合伙人的募集。最后，王石他们只用了28%的劣后资金，用了四倍杠杆的买入，就获得了万科4.9亿股A股。

所以说，在万科和宝能的这场战役中，如果非要分出谁的杠杆撬动得更加疯狂，恐怕很难有个定论。因为在这场战役中，宝能也好，万科也罢，二者似乎都为了谋取自身的利益而运用了一些险招。只要稍微不注意，它们随时都可能变得一无所有。

谁是宝能背后的神秘军师？

2016年6月26日，王石在微信朋友圈发了一段针对华润的话："当你曾经依靠、信任的央企华润毫无遮掩地公开和你阻击的恶意收购者联手，彻底否认万科管理层时，遮羞布全撕去了。好吧，天要下雨，娘要改嫁。还能说什么？"

王石之所以会突然发出这样一条看起来并不太舒心的朋友圈，原因是他早已知晓宝能将提出议案赶他下台。随后，王石转评一条称其谢幕的朋友圈，称"人生就是一个大舞台，出场了，就有谢幕的一天。但还不到时候，着啥子鸡（急）嘛"。这句话似乎在表明他根本就不担心宝能所提的罢免预案，他还有"底牌"没有亮出来。那么，他的"底牌"到底是什么？

事情的发展总是让人措手不及，就在6月26日下午，"宝能系"突然向万科董事会提请召开临时股东大会，请求罢免万科现任董事会及监事会成员。另外，"宝能系"还把华润所委派的董事也一并提进罢免行列。"宝能系"之所以会出此招，就是想告诉别人，它不但没有与华润结盟，而且并不是针对王石一个人的，而是对全体董事的罢免，是对事不对人的"光明磊落"的行为。至于华润的董事最后会不会被罢免，这就不得而知了，但可以肯定的是，此次罢免预案的提出，绝对没有表面上看起来那么简单。

据说，"宝能系"在罢免预案通过后，将会推举华润现任助理总经理，总管华润置地的执行董事吴向东为万科的董事长，宝能现任掌门人姚振华为万科的监事长。

吴向东已将近50岁，原是华润置地的董事会主席。在华润原董事长宋林违规被调查后，他便辞职退隐江湖，但半年后又回到华润，并出任集团助理总经理，分管置地这块事项。从此种情形可以看出，“万宝之争”似乎已经演变成“万科和宝能以及华润之争”，因为事实已经证明，“宝能系”和华润早已联手，并决定一致对付万科。

比如在2016年6月23日，“宝能系”发出声明明确反对万科深铁重组预案，并认为万科内部存在人为操控的问题，紧接着，华润便发出声明予以响应。如果“宝能系”真的与华润联手，那么，万科将会陷入更大的危机之中。

人们不禁要问，一向低调的“宝能系”，此次能够如此决断而又自信地与万科争夺，是否其背后有一位神秘的军师？

且看“宝能系”发出的两次声明——第一次：“宝能会按照法律法规的规定来办事，一定不会违反相关规定，绝对相信市场的力量”；第二次：“万科已经成为由其内部人员掌控的一家企业，不但董事会不为股东利益着想，致使独董丧失独立性，而且监事会也未能尽到监督及纠正的义务。”

这两次声明，句句合情合理，两者相互呼应，逻辑清晰而又严密，绝对都是经过专人精心打造的。但反观王石，不但数次语气冲动，想什么就说什么，而且关键时刻还管不住身边的人，弄得自己像个毫无水准的“暴发户”。所以说，“宝能系”的背后一定有一个，甚至一批神秘的军师。但是这个“军师”到底是何方神圣，却不是那么容易知道的。

那么，“宝能系”为何会对王石如此“赶尽杀绝”？据说是因为王石缺乏对民企的尊重，在他们面前总是出言不逊，还高傲得像只开屏的孔雀。比如说，“宝能系”原本表示愿意让他继续保持在万科现有的位置，可王石却说他完全看不起宝能，说它信誉度低下，不配做万科的第一大股东。在这样的情况下，“宝能系”又怎么会对王石和善得起来？

如今，王石不但被大股东抛弃，就连小股东也不怎么待见他，反而宝能和华润成为大家都称赞的一方。

因为万科曾在无重组对象的前提下任意宣布停牌，这正是其内部人员利用控制权无视中小股东的利益而进行的一场不计代价的收购，致使万科在重组中处于被动地位。管理层为了自己的利益，对公司与其他股东的利益任意损害，这是非常严重的事情。

另外，万科的停牌并不是全体停牌，香港就没有停牌，这说明王石他们忽视了国内股民的利益。对于万科的中小股东而言，他们期望的是万科股价能够往上涨，宝能收购万科的举动，让那些大股东们在争夺股权的同时，也让万科的股价一路飙升，最终受益的还不是那些股民？

然而对于王石来说，他似乎从不关心万科股价的高低，毕竟，这也不影响他在万科的控制权。

万科曾推出一个100亿的股票回购计划，最后总共才用了1亿多。并不是万科缺资金，毕竟它有着500多亿现金，而且随便开发一个新楼盘，就可以获得几十亿。如果王石当初把这100亿用来回购股票，“宝能系”根本就不可能控制得了万科，但他并没有这么做。

王石之前很喜欢华润这个大股东，是因为它从来不插手万科的事情，只坐等分红，所有的决议都由万科管理层来决定。但一旦华润想发表任何意见，王石就会立马不高兴。比如他和深圳地铁商量重组的事时，就没有跟华润打一声招呼，只是在谈成之后通知华润。这样的态度，不惹华润发飙才怪。

王石现在很想找个更强大的靠山来帮助自己，但这个靠山绝对不能是民企，因为民企控制欲太强，会让他失去控制权。不过他似乎忘了，一个人如果把自己的未来放在别人身上，那就很难善终。所以说，王石最后的结果只会是被踢出局。

有人说，王石现在最有利的做法，就是极力说服深圳地铁减少股份支付比例做第二大股东，让华润继续做第一大股东。因为在深圳地铁与华润的联合制衡下，他或许还能保持现有的位置。但若是让深圳地铁出局，在华润及宝能的联合下，他一定会被彻底赶出万科。

事实上，无论是华润现任董事长傅育宁，还是宝能现任董事长姚振华，他们都比王石更务实，更有城府。华润从来都不想做一个只坐等拿钱的“绣花枕头”，所以在宝能与万科激战之时，作为万科第一大股东的华润，并没有表明态度，而是坐观事态的发展趋势；而姚振华则等到华润明确表态后再亮出“撒手锏”，以“彻底击杀王石”。

其实，以王石以往的直性子，有意无意地得罪人并不稀奇。或许正是他的这种性格，才注定了他的结局。对于当事各方，无论是华润，还是宝能，又或者是深铁掌控万科，王石都是个碍眼之人，而且一定会被“踢出局”。

很多人都想不明白，既然结局已定，那么王石还有什么战斗下去的意义？其实，对于王石来说，再创业并没有什么可能性，他的后辈们都比他有更多的精力，而且他也无须证明自己在企业经营和财富积累方面更胜人一筹。他战斗的目的在于，确保万科依然是他的万科，确保自己在任何时候都能掌握住万科的命运。

王石作为万科的创始人，之所以会面临被“扫地出门”的危险，除了华润的袖手旁观外，还在于他从未为自己设立一个很好的保护机制。虽然华为董事长任正非也同他一样，只拥有不到 2% 的公司股份，但任正非拥有一票否决权。这就是华为不像万科那样，总是受外界干扰的原因之一。

“宝能系”入侵万科，王石早干嘛去了？

其实，在“宝能系”入侵万科不久，王石似乎就已经预料到会有一个什么样的结局。2015 年 12 月的一天，王石在微信朋友圈表达心情：他说对于财富，他并不是一个有野心的人。他想做一名优秀的职业经理人，带领团队将万科打造成世界一流的企业。如今万科的大股东由谁来做，他也不感兴趣。他能做的，也是唯一想要做的，就是为股东们带来更多的利益，为客户提供最好的产品，为社会创造更高的价值。

王石一直是个自信心爆棚的人，像这种近乎认输的语气，根本就不符合他的性格。万科一直是他的一个梦，也是他梦想成真的地方。他可以自动放弃对万科的股权，但绝对不想失去对万科的控制权。所以，这种叹息的话语，也是实属无奈。

“野蛮人”“宝能系”的“入侵”路线是这样的：首先，“宝能系”的前海人寿通过各种手段筹集到 200 多亿，然后在三次举牌万科的情况下，持有万科 15.04%的 A 股。华润发现之后，立刻增持 0.4% 的股份，勉强保住自己在万科大股东的位置。然后，“宝能系”继近乎赌博的疯狂手段之后，用两倍杠杆又增持了万科股份。

此时不仅万科管理层的老大王石很着急，就连他的接班人郁亮也很晕。虽然他们都是商场上的佼佼者，更是万科帝国的缔造者，但面对价值几百亿的游戏，他们不敢掉以轻心。

很多年前，王石曾经表达过这样的意思，他说自己也很喜欢钱，但是在中国，很多人对有钱人存在一种仇视心理。因此，如果自己太有钱，可能会有危险。在这样的情形下，他决定放弃成为富豪的机会，转而去追求“名”。另外，他坚信，没有股权，他依然能够将万科经营得很好。

如今，想起当初主动放弃股权的行为，他是否会有些后悔？如果再给他一次选择的机会，他又会如何去选择？

王石认为：经营企业和经营生活是一样的，随时都会犯错。但有的错可以改，有的错却永远也无法改，所以做任何事都要谨慎。但也不能因为怕犯错而不去做，在谨慎的前提下勇敢向前就可以了。

可王石虽是一个谨慎的人，却不是一个能管得住嘴的人。他总把最直白的话说给对方听，也不管对方愿不愿意听，听了之后会不会生气。比如说这次的“万宝之争”，有很大一部分原因就是“祸从口出”。如果当初他的态度可以谦和一点，或许就不会被“宝能系”如此赶尽杀绝了。

2007年5月的一天，在万科办公室，王石当着柳传志、王中军等人的面，劝郁亮不要走得太快太急，因为对于万科来说，“千亿计划”似乎定得有些太过。那时，郁亮在他的眼里不过是个不太成熟的年轻人，虽然充满活力，但终究太过于心急。所以，他一直在磨炼他、教育他。

可是，市场的反应似乎超出了王石的预期，万科的销售额很快便达到2000多亿。

王石认为，做人一定要相信运气，因为有时候，你的成功靠的就是运气。所以说，如果有一天你成功了，一定不要太骄傲，要相信或许只是一时运气好罢了。但是万科一直上升的数字却在告诉他，这并不仅仅是运气而已。从此，郁亮靠他的能力向万科董事会证明了自己的能力，也证明自己有足够的资格接替王石的职位。王石可以安心“退休”，可以去做自己喜欢做的事情，包括去哈佛游学、去登世界最高的山峰，甚至是给红颜知己做红烧肉。所以有人才会说，当“宝能系”入侵万科的时候，王石他们正在琢磨的却是别的事情，那就是谁来接任、怎么接任，以及何时接任。

因此，有人总结出七条罪状，证明王石在退休之前输掉万科是早已注定的：

1. 失去控制权

如果不是这次“万宝之争”，可能人们还不知道，原来王石只不过是万科的经理人而已，连 2% 的股份都没有。也就是说，在一些重大事项中，他并没有话语权。当年在万科股权改制时，王石放弃了可以拿到手的 40% 的股权，他说即便没有股权自己也可以管理好万科。可事实证明，他的想法过于简单。

2. 过于依赖央企

一直以来，华润这家央企一直是万科的第一大股东。王石也对它充满信赖，觉得有它当靠山，万科会如虎添翼。事实也证明，华润确实让万科迅速成长壮大。但这种过于依赖央企的行为，让万科在失去这座靠山后，立刻便坠入危险的境地。

3. 管理团队要撂挑子

万科的管理层一直被称作中国最优秀的团队，但是在“万宝之争”发生后，很多管理层的人员却相继表示要离开万科。这不仅对万科是一大损失，对王石来说，也是巨大的损失。

4. 接班人没选对

虽然王石亲选的接班人郁亮能力很强，但他却一直无法超越王石，更没有将万科带入一个更高的境界。即便在王石当甩手掌柜的这些年里，他虽然将万科的规模做到千亿，但在关键时刻却慌了阵脚。比如，当“万宝之争”发生后，他从头到尾只是唯王石马首是瞻，根本就没有展现出作为一家企业管理者的能力。

5. 失去商业地产时机

一直以来，王石都坚持万科只做住宅地产而不做商业地产。但在中国，住宅地产和商业地产是两个最重要的房地产形式，其中的利润高得惊人。因此，万科在住宅地产上做得很成功，但在商业地产上却失去了先机。

6. 不尊重资本市场

王石虽然算是中国资本市场发展的见证者和参与者，却做出了太多不尊重资本市场的举动。比如，他曾经公开表示："万科绝不欢迎'宝能系'成为第一大股东，因为'宝能系'缺乏信誉度。"另外，他还对媒体说："民营企业想成为万科的第一大股东，我是绝对不会欢迎的。"

7. 没有朋友

商业圈历来注重人脉资源的积累，但从此次"万宝之争"中我们可以发现，在中国商界拥有崇高地位的王石，在危难之际，居然没有一个朋友出手相助。甚至连昔日的靠山华润，也趁机和他撕破脸。

曾经的英雄早已老去，王石作为万科的缔造者，也失去了往日的活力。即便他不想承认自己的衰老，但事实已经证明，在瞬息万变的商场上，他早已跟不上时代的潮流。否则，在"宝能系"打进家门口的时候，他也不会只一味地想着接班人的问题，以及如何才能保住自己在万科的掌控权。或许，是他的自信让他觉得"宝能系"不可能撞开万科的大门，但自信过了头就是自负，"宝能系"不仅在很短的时间内就进入了万科董事会，而且还取代了华润的位置，成为万科的第一大股东。

事到如今，在某一刻，王石或许会非常后悔自己的自负，但事情的结局似乎已成定局，他的后悔只会徒增悲伤。他现在要做的就是摆正自己的心态，如当初放弃万科股权时那样，不去计较得失，而是拿得起也放得下。

为何宝能看起来“强”，却可能比王石“弱”？

“万宝之争”已发生很长一段时间，在这段时间内，外界一直认为，是宝能掌握着事态发展的主动权，因为它不但持有万科 25% 的股份，而且还拥有最强大的表决权。事实上，在这场博弈中，宝能一直处于被动地位，因为在它的背后有太多需要“刚性兑付”的钱，而万科则没有。

从 2016 年 7 月 8 日开始，万科 A 在复牌之后连续下跌 23.25%，市值将近跌去 600 亿。截至收盘，万科每股股价为 18.75 元，而宝能多次买入万科的平均股价将近 17 元。也就是说，如果万科股票再跌停的话，宝能就会处于不利境地。

从 2016 年 7 月 1 日开始，宝能、华润以及万科管理层之间，开始出现中国商业史上最激烈的“舆论战”和“法律战”。这两场战役的打响，将各方的真实实力都暴露出来，他们之间的战役甚至可以被看作世界商业史上的一场“超级博弈”。

其实，万科控制权争夺战的起点，或许并不是 2015 年“宝能系”第一次购入万科股票，也并不是 2016 年“万宝之争”开始摆上台面，而应该追溯到更早的 2014 年。

2014 年 4 月 17 日，华润集团原董事长、党委书记宋林因严重违纪违法而被除去职务。之后，傅育宁接任其位坐上了华润董事长的位置。同时间段，万科也召开事业创始人大会。不久后，盈安合伙作为万科员工持股计划的载体，首次购入万科股票。

万科在华润易主之时突然启动员工持股计划，与第一大股东华润更换“一把手”，这绝对不是巧合。据说，盈安合伙一直持有万科 4.48% 的股份，约为宝能在万科股份的五分之一，虽然数量看起来并不多，但这却是“万宝之争”中不可忽略的一部分。因为“口水战”也好，“舆论战”也罢，永远都比不上“股权战”和“法律战”。

其实，宝能和万科管理层一直在进行一场法律上的“拉锯战”。2016 年 6 月 27 日，“宝能系”作为万科的第一大股东，突然向万科董事会提请召开临时股东大会，提出罢免万科现任董事会及监事会成员。这次事件，被外界称为“血洗万科董事会”。7 月 4 日，万科董事会发布公告，否决“宝能系”提请的议案。

第一大股东向董事会提请召开股东大会，提出罢免董事会以及监事会成员，却被董事会拒绝。这在很多人看来，是件无法理解的事情，但这并没有违反我国法律的规定。在我国，董事会是决定召集临时股东大会的第一顺序人，但并不是唯一的召集人。

我国相关法律规定：“持有公司百分之十以上股份的股东，请求董事会召开股东大会时，应当在两个月内举行”。虽然提案遭到董事会拒绝，但并不代表“宝能系”就毫无办法。我国相关法律还规定：“当董事会拒绝召开股东大会时，可以提请公司监事会主持会议；若监事会也拒绝召开，那么，持有公司百分之十以上股份的股东，可以自行召开股东大会。”

所以说，如果宝能坚持要召开这场股东大会，那么这场会议在法律上来说是一定可以召开的。到那时候，万科管理层也就只能坐以待毙了。不过，万科管理层也没有走到穷途末路的地步，它还有一张“王牌”没有拿出来，这张“王牌”虽然无法阻止宝能入主万科董事会，却可以让自己有机会在董事会占有一席之地。

宝能在提出来的罢免案中，对2014年盈安合伙的行为提出了疑问，认为盈安合伙违反了相关规定。宝能表示，万科管理层对于盈安合伙首次购入万科股票的行为，从未向万科的投资者说过，这根本就不符合相关规定。另外“宝能系”还认为，万科管理层的某些行为，已让万科成为由内部人员控制的一家企业。

事实上，盈安合伙在2014年的行为，确实存在不妥的地方。比如，2014年6月20日，证监会发布一项指导意见，规定在二级市场以员工持股的方式首次购入股票的行为，应当在提请股东大会审议通过6个月后实行购买行为。

这一规定表明，盈安合伙的行为需要经过股东大会审议通过后才能实行。但盈安合伙却并没有通知股东大会，所以它的行为不合法。最奇怪的就是，盈安合伙的这次行为刚好在证监会发布指导意见的1个月前华润换主帅的1个月后，这么巧合的事，实在是让人无法理解。但盈安合伙之后的增持行为，却是在指导意见出台后，这就需要经过股东大会的审议了。

不过，宝能虽然对盈安合伙行为的合法化提出异议，却也没有紧咬着不放。具体是为什么，谁都说不清楚。

董事会的重新洗牌，决定了所有公司控制权的方向。因为虽然股东大会的表决权是以拥有股权的多少来决定，但董事会却是一人一票制，这就表明，每个席位都有“权力”。比如，万科管理层和华润撕破脸的原因，主要还是董事会席位的“一票之差”。此前，万科董事会会议审议深圳地铁入股预案时，11位董事中有一人未参加。按照相关规定，万科的资本变动需经董事会三分之二票数通过。华润董事已投3张反对票，因而，缺席的那1票是否计入总票数之内，就成为预案通过的关键。此后，这“一票之差”成为“万宝之争”中“舆论战”的焦点之一。

如果说深圳地铁入股预案的“一票之差”是个难题，那么，接下来爆发的董事会席位选举战，则更是一道难题。因为据万科章程规定，万科董事会选举实行的是累积投票制，这种制度可以制衡大股东的权力，从而保障小股东的利益。

在股份公司的股东大会表决中，股东的出席率对结果影响重大。万科股东大会的出席率一般在40%左右，但在王石“道歉”的股东大会上，出席率竟然高达60%。如果按照这个出席率来算，盈安合伙通过联合其他小股东，要在董事会中获得一个席位也不是不可能，更何况一直持股超过1%的“最牛散户”刘元生是支持万科管理层的。

另外，在累积投票制下，华润可以获得3个席位，安邦也可以获得1个席位。而且，持股超过一定比例的股东，也可以推选董事或者独立董事。这便意味着，万科的董事会席位争夺战，将是一场多人混战。宝能要想掌控这场混战，恐怕很难。

当然，虽然从以上情况，似乎可以预测出万科未来董事会的“席位分配”，但凡事都会有变数。一旦期间发生变故，结果肯定会不一样。只是可以肯定的是，即便按宝能的提案罢免现有董事，它在重新改选后的董事会中，依然不可能完全一人独大。

根据我国相关法律的规定，董事会的很多决议，只要有超过二分之一的票数通过即可。但万科的章程却规定，一些重大事项必须经过三分之二的票数通过。而且还规定，董事选举实行累积投票制，以制衡大股东的权力。按照我国相关的法律规定，累积投票制在万科并不是强制实施的。

虽然宝能可以通过修改章程，来废除对其不利的累积投票制。但修改公司章程必须有三分之二以上的股东表决通过才行，而且人数是法律强制规定的，谁都不可以违背。所以，宝能想废除累积投票制，从而实现一人独大，应该是不可能的事。更何况，其他中小股东也没有把公司董事会的控制权让给他人的可能性。因此，宝能不可能完全掌控万科，即便能够将王石等原有的管理层踢出局，它依然无法完全控制万科。

所以说，在“万宝之争”中，宝能看起来似乎占据上风，但从其他一些方面看来，它却处于不利地位。因为宝能的背后，有太多需要“刚性兑付”的钱。而万科方却根本就没有“刚性兑付”的钱，它用的是那些无须“兑付”的“别人的钱”。所以说，在这场博弈战中，宝能看起来似乎很“强”，却可能比王石要“弱”很多。

“万宝大战”中，谁将获得最后的胜利？

“宝能系”采取了对万科的“野蛮收购”计划，之前应该是经过周密布局。

“万宝之战”继续升级，“王姚博弈”也持续升温。2015年12月18日中午，万科A股被封停，王石一边对宝能表示，万科不欢迎宝能的加入，因为宝能的信用有问题；一边紧急宣布停牌，对外表示要对万科股票进行重组。

对万科的态度，“宝能系”的回应是：起点不高，一切按规则来办。宝能所说的“起点不高”，主要指此次收购是通过利用几倍杠杆的方式，大举借外债才坐上万科第一大股东的位置。

在资本市场，收购与被收购是常有的事。大企业和小企业之间可以相互收购，但前提是不违反相关法律的规定。然而在资本市场上，还有一种收购行为不被人看好，那就是“野蛮收购”——带有某种恶意性的目的，或利用高风险的杠杆方式的收购。

但收购者到底有多“野蛮”，是否存在恶意，这就需要看收购企业在行为完成后的发展，以及收购企业后会采取怎样的手段来处理被收购的企业。所以，并不能因为收购者利用了高杠杆就断定他是“野蛮人”。事实上，凡涉及重大收购，除非收购者实力强大，或后台很硬，否则，或多或少都会运用一些高杠杆的方式。因此，在资本市场中，没有多少收购是“不野蛮”的。

按照万科的说法，“宝能系”收购万科的方式是典型的高杠杆收购。但在未知宝能收购万科原因的前提下，我们还不能断定宝能就是“野蛮人”。

其实，早在“宝能系”第一次持股万科股份时，王石就曾明确对姚振华表明了自己的态度——绝对不欢迎宝能入股万科。有人说，“宝能系”之后做出的行为，就是因为王石的蛮横态度惹恼了姚振华，因此，姚振华才千方百计地要成为万科的第一大股东，将王石踢出万科。事实到底如何，恐怕只有当事人心里最清楚。但王石为何会如此排斥宝能却是人们最想知道的。

据分析，原因可能有三种：第一，万科是王石一手创办起来的企业，他将毕生的精力都投入其中，现在“宝能系”突然跳出来说要控股万科，这是王石无法接受的，所以他的反应才会如此强烈；第二，宝能收购万科靠的是一种近于赌博的方式，这对于一向在经营企业方面比较谨慎的王石来说是难以接受的，他怕宝能成为万科第一大股东后，会改变万科的经营方式，把万科变成它豪赌的试验品；第三，万科现在的大股东都具有很强的市场影响力，相比之下的宝能就显得有些难登大雅之堂。万科控股权不是不可以转让，但掌控人必须具有高雅的背景。像“宝能系”那样不太高雅的民营企业想成为万科的第一大股东，王石当然不乐意。即便是成为前十大股东，他可能都会反对。但事实上，现在的宝能已经成为万科的第一大股东。而且，一旦它再增持万科 7.55% 的股份，王石的位置就真的保不住了。

万科犯的一个巨大的错误，就是在宝能持股万科 10% 时没有及时采取方式开展“护盘”行动，否则，宝能或许就成不了万科的第一大股东了。毕竟宝能是依靠 400 亿资金成为万科第一大股东的，这笔资金对于一般企业来说确实是一笔巨款，但对于万科此前的第一大股东华润这样的央企来说，400 亿根本就是小菜一碟。那么，万科为何对宝能的进攻未采取任何有效的防备措施？

一方面，万科一直处在高位，时间久了自然会有一种高傲感，自以为像宝能这样的小企业根本不算什么，对自己也造成不了太大的威胁；另一方面，万科虽然是世界五百强企业，但其一成不变的经营理念，注定了它会在某些方面跟不上时代的步伐，当危险来临的时候，它无法第一时间预感到，更无法做出快速反击；再一方面，万科没有想到宝能为了控股万科，竟然不惜利用高杠杆这一风险手段，更没有想到姚振华是一个这么有魄力的“赌徒”。

后来，万科总裁郁亮和王石开始积极奔走，寻求各方面的帮助，以便实行“毒丸计划”。但最后这个计划能不能实行，还是个未知数。

虽然后来针对“宝能系”的进一步收购，万科也筹措了一大笔资金，但它似乎准备得并不是很充分。“宝能系”已成为万科的第一大股东，如此，万科的反击，对整个事态的发展似乎没有多大的影响。

据分析，“万宝大战”未来将会呈现四种结局。

1.“毒丸计划”

万科通过增发股票的方式，让盟友持有更多的股份，将宝能的股份拦截在 30% 的红线上，达到稀释宝能持有股份的目的。

王石胜算率：50%；

宝能胜算率：50%。

宝能已持有 22.45% 的万科股份，只要持股 5% 的安邦站在它那边，它的股份就可以升至 27.45%，这离 30% 的界限也并不是很远。只要持股达到 30%，宝能就能够进入万科董事会。王石的盟友华润、盈安合伙、刘元生虽然分别持股 15.23%、4.14% 和 1.21%，不过三者加起来也才 20.64%，仍然无法与宝能抗衡。

在这种情况下，王石要做的便是增发股份，只有让自己的盟友持有更多股份，对手的股份才会被稀释掉，这就是所谓的“毒丸计划”。于是，2015 年 12 月 18 日中午，万科突然宣布停牌，声称要重组资产。在外界看来，这就是要实行“毒丸计划”的开端。

但实行“毒丸计划”的缺陷在于，万科定向增发股票的方案，需要经过董事会和股东大会的同意。虽然当时的董事会依然站在王石这边，但在股东大会上，最大股东宝能一定会投反对票。万科公司章程也规定，增发股份必须经过出席股东大会股东的三分之二以上通过。此时，中小股东如何选择，将决定“毒丸计划”能否实行。

若是“毒丸计划”成功了，万科就可以暂时领先一步，为自己赢得更多的时间进行后续动作；一旦“毒丸计划”失败，宝能将会继续收购万科的股票，万科必将成为宝能的囊中之物。

2.“以拖待变”

宝能收购万科的时候，采取的是近乎赌博式的高杠杆方式，这种方式最经不起时间的拖延。因此，万科或许可以通过延长停牌时间，等待宝能发生财务危机。

王石胜算率：20%；

宝能胜算率：80%。

宝能购买万科股票的钱来自万能险，它已经没有任何退路。所以说，万科可能以定增的名义停牌半年，使“宝能系”在资金上出现大问题。

但这并不是一个很好的办法，王石的胜算率也不是很高。第一，上市公司筹划定增停牌时间不能太长；第二，宝能借来的资金虽然数额巨大，但也不是还不起，因此，宝能还是可以拖得起的；第三，即便停牌时间很长，宝能还可以走场外协议收购股票进行增持；第四，宝能的一些子公司一直在发行资本补充债券，所以，宝能有充足的弹药保证打好这场“持久战”。

3.“焦土政策”

万科通过一些近乎“自残”的方式来拉低股价，让股价持续暴跌，以使宝能的高杠杆资产被强制平仓。

王石胜算率：20%；

宝能胜算率：80%。

宝能之所以能在短期内动用巨额资金增持万科，主要是用了非常激进的杠杆策略。因此，有人建议王石，如果无法实行“毒丸计划”，那就实行“焦土计划”。在董事会改选之前，低价出售万科的所有资产，将万科的股价降低，让宝能爆仓，它必然撑不了多久。

但也有人持反对意见。首先，“焦土政策”是一种“自残”的做法，会伤害万科众多中小股东的利益，这是很不利于团结的；另外，低股价不一定会逼退宝能，可能还会在成本上给它增持的机会。

4.“终极救援”

如果王石阻止不了宝能的进攻，那么，董事会席位就是他的最后一道防线。

王石胜算率：50%；

宝能胜算率：50%。

如果王石的一系列办法都没有用，那么，在“野蛮人”成为控股股东之前，进军董事会便是最重要的事。万科的组织形式，决定了万科真正的决策权集中在董事会手里，因此，董事会才是这场战争的主场。

现任万科董事会成员的任期要到2017年3月才截止，因此，宝能想要进入万科董事会，必须等上一段时间。到时候，宝能势必会提出自己的非独立董事候选人，若是中小股东在董事会投票上倾向宝能，那王石就彻底没戏了。

不过，只要万科能够争取更多的投票权，将宝能排除在董事会之外，让宝能这个第一大股东变得有名无实，那么，王石便还有取胜的机会。

vanke

PART 03

白热化阶段的股权争夺战

谁来掌控已失去理智的局面？

白热化的股权争夺，让万科的局面再次趋于失控状态，这不禁让人们想到了22年前的“君万之争”。与君安证券的战争，最终以万科完胜而宣告结束；而如今，万科又一次陷入了同样的局面，只是对象变成了宝能。

“宝能系”也是因为万科事件而第一次出现于大众面前，在过去的几年里，“宝能系”虽然没有停止过在市场上的资本运作，但是始终保持着一贯的低调和神秘。如今，“宝能系”的实际掌控者，神秘的姚氏兄弟也逐渐登上市场的舞台，三次举牌万科，一跃成为万科的最大股东，一场让人措手不及的战争就这样打响。

如今，股权的争夺依旧在继续，“宝能系”不是曾经的君安，万科也不是过去的万科，二者的争夺也陷入了持续的状态。在“宝能系”的步步紧逼之下，万科陷入被动，不得不以停牌来应对“宝能系”强大的攻势。停牌之后，万科又会有什么动作？传说中的“毒丸计划”是不是会因此而实施？这些问题也成为人们关注的问题。而以王石为首的万科管理层，面对岌岌可危的控制权，又会做何感想？一切结局，都有待水落石出的一天。

神秘的姚氏兄弟，凭什么拿下万科？

在抢筹万科股份的资本盛宴里，“宝能系”高调出现在人们的视野当中。很快，人们就发现，在资本市场内“宝能系”的猎物，万科只是其中的一个，在万科之前，“宝能系”就已经先后入股数十家上市企业。除了在内地的资本市场不断扩大自己的版图，“宝能系”在香港也加快了脚步。在“宝能系”的悄然运作之下，香港一只普通的港股中国金洋已经成为“宝能系”在香港资本市场上运作的品牌。

而“宝能系”的实际控制人姚振华在入主万科之前，市场上对于他的名字还是相对比较陌生。毕业于华南理工大学的姚振华，是广东潮汕人，他也具备了广东潮汕商人的气质，多年里一直保持着低调和神秘，不到迫不得已，从来不会出现在公众的视野。如今，姚振华是宝能集团及前海人寿的董事长，同时担任广东潮联会的名誉会长。

除了姚振华，“宝能系”还有另外一个神秘人物——姚建辉。根据公开的资料显示，姚建辉曾经在 2010 年担任过宝能集团的法人代表以及董事长等职务。自 2010 年之后，姚振华和姚建辉这对姚氏兄弟就开始不断对换董事长和总经理等“宝能系”的高管职务，当前，姚建辉担任“宝能系”旗下众多企业的法人代表和董事长等要职。在市场上，姚建辉和姚振华的关系未曾公开，一直是一个谜团，直到万宝之争开始，姚建辉是姚振华的胞弟这一信息才被公众知晓。

姚氏兄弟通过资本的运作，在入主万科之前，就已经掌控了一家名为世达科技的香港上市企业 70% 的股份，这家企业就是上文所提到的中国金洋。其后，姚氏兄弟先后入主近十家中国内地的上市公司，成为这些企业的重要投资商。而关于姚氏兄弟的详细信息，市场则是知之甚少，姚氏兄弟非常低调，也极少接受媒体采访。根据市场上较少的新闻报道，我们可以得知，姚建辉和姚振华曾经一同在深业集团工作过，后来辞职创业，一开始时做蔬菜生意，一步步打拼，才有了今天的“宝能系”。

依靠蔬菜生意起家的姚氏兄弟，通过十几年的努力，已经在市场上建立了集众多产业于一身的资本版图。在姚氏兄弟的版图当中，最大的产业是房地产，而前海人寿则是宝能系最核心的金融平台。前海人寿的强大在于，它仅用了 3 年时间就完成了平安 16 年所走的历程。“宝能系”依靠这个核心的金融平台，使得一个横跨金融、地产、文化和物流等多方面产业的资本帝国俨然成型。

在姚氏兄弟的带领下，“宝能系”的业务主要涵盖四个方面。

1. 物流产业

“宝能系”的物流产业已经非常成熟，单在深圳的物流园区就有 1000 多亩，而专业市场、物流中心等各类配套设施更是繁多。其物流集团是我国最早开发现代物流服务的企业之一，目前在国内已有八个专业的市场。而在未来的计划中，“宝能系”的物流集团将目光转向了高端的国际化服务市场。

2. 金融保险

在“宝能系”的金融保险业务方面，核心金融平台是前海人寿，前海人寿的法人代表正是姚振华。除了前海人寿，“宝能系”还有六家企业的业务范围涵盖保险金融领域。

3. 文化旅游

文化旅游业已经成为未来“宝能系”具备核心竞争优势的业务之一，“宝能系”也在全国主要旅游地区形成了多个具有综合效益的旅游产业聚集区。

4. 医疗产业

目前，宝能集团已经布局了一项名为广州宝仁医院的项目。而在未来的计划当中，“宝能系”表示会在接下来的5年到10年里，在全国创建20家左右三甲综合医院，从而形成综合的医疗集团格局。当前，姚振华通过宝能集团控股的核心企业已经达到近50家，而在“宝能系”的家谱当中，这个数字还会更多。

姚振华、姚建辉兄弟作风低调神秘，致使宝能集团在潜行中不断发展。在万科股权争夺事件之前，无论是资本领域还是地产领域，外界对于姚氏兄弟掌控下的“宝能系”都知之甚少。如今，伴随着万科事件的不断升级，“宝能系”浮出水面，而从其频繁举牌的举动来看，姚氏兄弟的野心是试图打造一个地产和金融的王国，而凭借宝能当前的实力以及“宝能系”的资本运作，这份野心的确有实现的可能。举牌万科，不过是他们计划的第一步。

而万科一方能够与姚振华兄弟对抗的，则是万科管理层的核心人物郁亮。在2015年12月18日的万科媒体答谢会上，郁亮首次对“宝能系”的姚氏兄弟发声：“各类投资机构注意风险，‘宝能系’的敌意收购不会成功。”这是他对“门口的野蛮人”所下的定论。实际上，郁亮和姚振华一样，同样是资本运作的高手，也是万科股权大战的核心人物。除了未参与万科1991年的IPO，郁亮参与了万科其他的所有资本运作——从万科第一次配股到“君万之争”，再到万科6次融资，一直到今天，“野蛮人”再次敲门。

郁亮的成绩是非常耀眼的，在万科的成长历史中，他也有很多经典之作。例如万科在2003年至2008年之间的6次融资，在郁亮的带领下，万科没有错过市场上的任何一次机会。而王石对郁亮的成绩也非常满意："郁亮帮我完成了很多大事，比如发行B股，'君万之争'，他的能力只有我知道。"

而这一次，万科面对的是"宝能系"。郁亮的面前，是"宝能系"的实际掌控者姚氏兄弟。入股万科之前，姚氏兄弟就已经在资本市场上对多家上市公司进行"捕猎"，其资本运作能力更是胜人一筹，总收入已经超过500亿元人民币。如今"宝能系"已经成为一个神秘而庞大的商业帝国，为了入主万科，姚氏兄弟再次动用巨额资金，高达380亿，其强大的资金实力不容小觑。

而且，姚氏兄弟有着潮汕商人的大胆与冒险精神，这一次举牌万科，其收购资金也启用了2倍的杠杆。不过，对于万科和"宝能系"来讲，决定这场股权战争走向的已经不仅仅是资金。郁亮和姚氏兄弟的博弈，万科和"宝能系"的争夺，一切还都是未知数。而自从收购万科以来，对于姚氏兄弟来讲，最重要的是推演王石、郁亮为代表的万科管理层会采取何种方式反击。

博弈还会继续进行，姚氏兄弟与万科管理层的职业经理人的成功轨迹有着很大的差异，而王石也因此反对姚振华成为万科最大的股东。而且，面对强大的舆论压力，"宝能系"最终是否能够夺取万科的实际控制权、郁亮会不会在"宝能系"的步步紧逼之下束手就擒，也是无法预知的事情。这就如同江湖上的战争，最终的结局如何，目前或很长一段时间内还没有人会知晓。不过可以肯定的是，这场对决的过程一定会非常精彩。

万科真的在劫难逃了吗？

“宝能系”向万科三次举牌之后，王石终于向“宝能系”下达了战书，表示“宝能系”在如此特别的时间节点上不断增持万科的股票，对万科来讲是一件值得高兴的事情。但是如果“宝能系”想借此成为万科的第一大股东，那么王石会第一个不欢迎。因为从 2014 年宝能在地产领域内的成绩和业绩来看，其交易量只有几十亿元人民币，而且这些数字还是宝能地产通过关联交易实现的。所以，宝能以当下的水平，是无法管理和掌控万科的，“能力根本不够”。

但是，无论王石如何反对，“宝能系”已经成为万科的第一大股东，这是无法辩驳的事实。实际上，“宝能系”并非是第一个企图控股万科的资本，这次的股权争夺也不是万科第一次面对“门口的野蛮人”。早在 1994 年，万科就曾经和另外一个“野蛮人”有过一次惊心动魄的较量，即“君万之争”。

事件的起源要回溯到 1993 年，当年 5 月 28 日，万科的 B 股在市场上成功发行，同年 6 月，国家政策也相应地改变，开始对资本市场进行宏观调控。借助国家政策，万科的发展也步入了一个新阶段。万科本身就具备强大的资本优势，所以凭借强大的资本，万科地产项目如雨后春笋般在全国各地发展建立，上海、青岛、北京、天津、沈阳等城市都成为万科布局的主要目标。

虽然当时中国的市场还不平衡，也存在很多不确定因素，不过万科却在这些不确定因素中不断地找寻平衡和发展的契机，并且获得了成功。万科的房地产项目和投资都取得了优异成绩，企业也在稳步发展。

1994 年 3 月 29 日下午，万科召开董事会，在董事会议上，万科管理层提交的议案顺利通过，各位董事对万科管理层没有提出任何异议，就如同一次一般性的会议一样，一切平静而正常。然而，风险投资者就如同在上市企业门口徘徊的“野蛮人”，进入 1994 年，万科的门口就聚集了这样一群“野蛮人”，只是王石当时并不知道。

在万科发行 B 股之后，君安证券就曾承销 1000 万，当时的价格是每股 12 元人民币。不过后期，B 股价格下跌，到了 1994 年 3 月，市场价每股的价格跌至 9 元，这就意味着君安的股份投资亏损已经接近 3000 万。

就在万科 1994 年 3 月 29 日董事会结束的第二天上午，也就是 3 月 30 日，君安证券的董事长张国庆、副总张汉生一行人通过前一天的预约来到万科董事长王石的办公室。张国庆开门见山地表示，希望在当天下午召开一个新闻发布会，因为君安证券想对万科管理层提一些意见，而所有的意见都会在下午的发布会上正式提出。当然，张国庆和张汉生表示，君安证券并非针对王石个人，只是为了万科以及证券市场的长远发展。而发布会的时间，定在当天下午 3 点。

事实上，当日下午发布会的建议是君安证券单方面提出的，包括王石在内，万科的其他十几个股东大部分都不知情。下午 3 点，君安证券一方代表四家股东——海南证券、香港俊山投资、创益投资和深圳新一代企业有限公司，在会上宣读了一份名为《告万科企业股份有限公司全体股东书》的声明报告，报告全文大约一万多字，内容全部为万科在管理和经营当中存在的问题。这次发布会的召开，意味着万科与君安的战争正式开始。

以张国庆为主的君安证券方持有的万科总股份接近 11%，而君安承销的万科 B 股，因为成本价和市场价的差异，承销的 1000 万压在了手上。君安的目的是借助对万科的收购，来刺激万科 B 股的价格，并控制万科董事会。而以王石为首的万科管理层一直是万科董事会的实际控制者，所以，他们肩负着击退君安、保护万科董事会稳定的责任。

所以，在“君万之争”的当天，王石在半个小时之内先后与北京、青岛、美国和加拿大的 13 位万科董事取得了联系。不过我们都知道，万科股权设计的特征是高度分散，所以进行任何决策都面临着高昂成本，而王石最终发现，万科最大的股东国有股成为决定整个事件的关键。

于是，王石与以华润为首的国有股东展开了交涉，凭借王石的资源和人脉，万科管理层的实力远远超过君安。3 月 30 日晚，深圳新一代企业有限公司提出了一份退出倡议声明，第二天上午，郁亮在情况说明会上宣读了这份声明，同时，王石表示，君安证券这一次行动的目的并非投资这样简单，而是想全面接管万科。在这样的形势之下，万科在 31 日向深交所申请停牌并获得批准。

1994 年 3 月 31 日的万科停牌是中国股市上的首次停牌，而王石的目的则是通过停牌赢得阻击君安的时间。4 月 1 日，深圳新一代召开发布会，解释倡议声明的提出是受君安证券的委托。同一天，郁亮飞往海南，寻求海南证券的支持。第二日，万科继续停牌，君安证券在报纸上再次发表声明，提到倡议声明的发起者海南证券，但是因郁亮的调节，海南证券已经站到了王石一方。至此，君安证券的“盟友”大部分尽失。

4 月 4 日，万科的股票在深交所复牌后仅有轻微上扬，便很快稳定下来。当日下午，万科召开新闻发布会，宣布与君安的战争结束。最终万科赢得了胜利。

同样的事件，在 22 年后再次上演，依旧是针对万科的管理层，只是君安方换成了“宝能系”。从 2015 年 1 月开始，“宝能系”旗下的前海人寿和前海人寿的一致行动人钜盛华开始大量买入万科 A。到了当年 12 月底，“宝能系”通过三次举牌，持有万科的股份已经远远超过华润，一跃成为万科的第一大股东。对此，万科再度停牌，而这场宝能与万科的股权争夺战争则是以“门口的野蛮人”暂时获胜而告一段落。

当年，君安试图以超过10%的股份肢解万科，最终被万科成功击退，而自此之后，万科开始真正地专注于住宅房地产的开发。今天，“宝能系”持股万科25%，超过华润成为万科名副其实的第一大股东，所以，宝能不是君安，而万科也不是当年的万科。所以，从当前宝能入股的形式来看，单纯地从投资这方面来讲，宝能的加入不会对万科的发展造成不良影响。

不过，从“宝能系”三次举牌万科的手段和本质来讲，“宝能系”的确有很大的野心。地产开发本身就是“宝能系”的核心业务之一，深圳多处都有宝能的项目。所以，这一次宝能对万科股份的收购背后，很可能隐藏着宝能想吞并万科的野心。当前，宝能已经成为万科的第一大股东，接下来，在万科董事会获得一席之位并控制万科也并非不可能。

而且，前海人寿的一致行动人钜盛华买入万科股份的资金是通过资管计划。大家都知道，资管计划的资金都有一个存续期，钜盛华资管计划的存续期被设立在了2017年之后，而万科的本届董事会任期也正好于2017年结束。这一系列“巧合”，很可能会让宝能在万科的董事会获得席位，进而控制万科。

“宝能系”的步步为营，让万科的管理层处于相对被动的地位，“宝能系”成为万科的第一大股东已经是事实。这一次，万科的命运会如何？是像22年前的“君万之争”一样成功击退“野蛮人”，还是在劫难逃？而这一股权争夺战的下一步又将如何演变？目前为止，一切都还是未知。

万科下一步将会怎么走？

短短数月之内，万科遭到“宝能系”的多次举牌，宝能一跃成为万科的第一大股东。面对“宝能系”的强势加入，王石作为万科的董事会主席，声称“宝能系”的能力和信用不足，无法掌控万科。尤其是对万科的理念和精神而言，如果“宝能系”控股，对万科必然是巨大的杀伤和损害。

我们需要承认的是，万科在王石的带领下，确实在市场上取得了令人瞩目的成就，以王石为首的万科管理团队也成为万科的核心人物，王石个人的公众形象也因此更具价值。不过，在这次“宝能系”对万科的收购事件中，王石的表现则显得有些过于激烈，他运用“野蛮人”的比喻，公开指责和批评宝能。

或许在王石看来，宝能对万科的收购更像是一场不留退路的赌博。所以，在宝能强势入股万科，进而成为万科的第一大股东后，王石正面表态，表达了“不欢迎宝能”这样明确的立场。而对于王石的不欢迎，宝能只是表示更相信市场的力量。

在双方正面的较量中，面对步步紧逼的“宝能系”，王石似乎也能够明白，这一次敲门的“野蛮人”，即使是要进行一场赌博，也一定是有备而来。至此，一方是具有 30 多年发展历史的老牌房地产企业万科，另一方是保险领域的一匹黑马；一个想要强势加入，而另一方则是拒绝。王石表示，资本之外，还有信用和道德的力量，这样的较量才刚刚开始。

那么，对于已经成功上位为第一股东的“宝能系”，万科又会采取什么措施来对抗和阻击宝能的进攻呢?

很快，万科就给出了答案。2015 年 12 月 18 日下午，万科 A 股票又一次涨停。涨停后，万科发布了临时停牌公告，表示万科 A 正在筹划股份发行，以此来应对某些项目的重大资产重组和收购。对于万科 A 股的停牌，业界很多观点认为这是万科管理层对“宝能系”的反击，通过临时停牌、扩张股份来对抗宝能。

除了万科 A，香港市场的万科 H 股也在 18 日下午暂停交易，与此同时，与万科相关的结构性产品的交易也被关闭。

在万科停牌之前，宝能已经借助 4 次举牌，持有万科 20% 以上的股份，超过了万科原有的第一大股东华润。而对于 18 日万科 A 的再次涨停，市场分析认为，当时很有可能还是“宝能系”在抢筹。而万科选择在当日停牌，应该是意识到“宝能系”继续抢筹的严重性。如果“宝能系”的持股达到 30%，按照万科公司的规定，就可以对万科进行收购。

在过去，万科的管理层，尤其是王石，一直处于过于自信的状态，这也是“宝能系”在买入万科股份的初期没有出手的原因。也正是因为如此，事件才发展到严峻甚至失控的地步，同时也导致了万科自身的被动。实际上，在 2015 年 7 月份，万科就曾经宣布百亿股权回购计划，后来由于种种原因，到 2015 年年底，万科的回购金额也未曾超过 2 亿。

在这种被动的局势下，王石曾经在停牌之际带领万科的管理团队到香港的资本市场寻求支持。在 12 月 17 日，郁亮就曾先到华润置地进行商谈，不过对于这一举动，万科管理层并未做出具体回应。但是很显然，面对“宝能系”的进攻，万科管理层必然会寻求大股东华润的支援。

不过，对于华润是否会支持万科，外界并不看好，因为华润是国有企业，与私营企业不同，国有企业在决策和执行方面的考量会更多。而且，当时正处于反腐斗争的严峻时期，如果贸然介入重大资产重组的事件当中，华润必然面临许多严格而烦琐的审批申报程序。所以，外界的观点认为，华润或许不会插手万科与“宝能系”股权的争夺。

而想要击退宝能，万科管理层唯一的方法就是通过股东大会形成决议，当然，第一大股东宝能必然也会对万科管理层持反对票。而根据相关规定，如果万科管理层想要通过重大事项的议案，需要经过出席会议的三分之二以上的股东同意。那么，万科管理层只能依靠中小股东的支持，才能够让议案顺利通过。

问题是，万科的中小股东是否会支持万科的管理层？万科的股价一直处于不稳定状态，最高时能超过 40 元，低的时候则会低于 5 元，很多万科的中小投资者被万科的股票套牢。在这些投资者中，必然会存在很多对万科股价不满意的股民，而面对擅长资本运作的“宝能系”，这些中小股民会做何种选择似乎很难说。况且，网络上的调查显示，支持宝能的数量已经超过了王石。在这样的环境下，万科管理层的困境更加明显。

因此，万科管理层的临时停牌，虽然能够在一定程度上缓解自身被动的局面，却无法解决所面临的问题。同时，万科的这一行动也表明将会和“宝能系”进行一场持久战。当然，万科的管理团队自身是团结的，总裁郁亮在万科的答谢宴上表示，自己虽然与王石在爱好和性格方面有些不同，但在万科的重大事件上，他将会和王石保持一致。对于“宝能系”的恶意收购，郁亮指出：上一次的敌意收购就是失败的，而这一次，购买万能险的投资者更需要注意，管理团队与股东如果存在分歧，对投资者的利益是有巨大风险的。

但无论如何，未来万科的管理层依旧会面对原本已经存在的问题，如果第一大股东“宝能系”提出改组万科董事会的动议被通过，那么万科的管理层必然会面临被重组的命运。

万科是房地产领域最知名的企业之一，在宝能强势的攻击之下，在深圳和香港两地进行停牌，但这只能在一定程度上缓解相对被动的局面。所以，外界的分析人士也指出，万科这样做很有可能是为了稀释股份，利用“毒丸计划”，即向普通股东发行优先股，来加大宝能控股的难度。一旦万科被宝能收购，持有优先股的股东就会将手中的股份转化为股票，从而极大地稀释宝能的股权。

而由于当前第二大股东华润所持有的股份，万科的这项计划很可能是最终由华润与一家或者几家地方企业共同联合，成为一致行动人，和万科的管理层一起，夺回万科的第一大股东地位。这样，“宝能系”不但会面临收购成本不断上升的问题，还会面对人们对收购引发的想象中，是否能够获利的问题。

或许，面对与“宝能系”逐渐白热化的股权争夺战，这应该是万科管理层最有效的反收购手段。只是，这是否真的是万科的“下一招”，最终还有待于时间和市场给出答案。无论如何，当前宝能已经取代拥有 15% 以上万科股份的华润，成为万科最大的股东。

控制权之争：万科管理层的痛点

在资本市场，商业之间的博弈，不存在永远的敌人，也没有永远的朋友，有的只是永恒的利益。正因如此，对于“宝能系”和万科之间的股权争夺战的最终结局，外界存在很多不同的猜测。有人认为，二者很可能在两败俱伤的情况下妥协，那么最终最大的利益获得者将会是安邦；除此之外，还有一种可能，是说万科和“宝能系”在“合演双簧”。

因为从万科来看，王石所塑造的万科品牌以及万科的团队，其价值在市场上有目共睹。但是作为收购方的宝能，目前则还没有像万科一样的成熟团队，而且宝能地产目前在市场上的品牌也不如万科，在万科与宝能双方谁都无法打败对方的情况下，双方寻求合作也并非不可能。在两家企业合作的情况下，宝能会继续抬高万科的股价，而万科也可以因此获得巨额的增发资金。虽然这样做会损害中小投资者的利益，不过对于当事双方而言，这也是一种双赢的结局。

但就目前万科股权争夺事件的本质而言，双方对股权的争夺实际上是万科的实际控制权之争。在“宝能系”加入万科前，万科最大的股东是华润。华润作为万科的第一大股东，一直与万科管理层关系良好，扮演着万科外部投资者的角色。所以，华润虽然是万科最大的股东，但并没有参与到万科的经营管理中，而只是参与万科的投资决策。也正是在这样一种局势下，万科的管理层成为万科的实际掌控者，在他们的管理下，万科经过几十年的发展，取得了丰硕的成绩，华润的利润也随之增加。

而“宝能系”的强势加入，导致万科的管理层与原有第一大股东华润之间的平衡和默契被打破，从这一点上来讲，万科的股权之争，实际上就是以王石为代表的万科管理层，同以华润和“宝能系”为代表的金融资本之间的冲突。在市场上，金融资本本身的目的是追逐利益，而以万科的管理层为代表的人力资本，本身也具有逐利本质，不同的是，王石多了一份理想主义和人文情怀。

虽然宝能在强势介入万科之后，万科的管理层就一直在寻求原有的第一大股东华润的支持，或许是因为华润作为大型央企的限制，在二级市场上，华润并没有对万科的股票继续增持，因为按照规定，央企是不可以在股票高价位的时候去增持股份帮助他人高位套现的。而根据披露的信息来看，华润很可能与万科的其他股东有过接触，试图从中寻找可能转让股份的股东，但最终没有实现。

那么，事态发展至今，万科的归属权又在哪里？如果从法律的角度讲，万科必然是属于万科的全体股东的。当然，由于万科股权的分散，中小投资者众多，那些持股比例很小的散户必然不会对万科的发展产生太大影响。华润以及新入局的宝能则不同，因为持股比例大，所以相应的权力和责任也会增大，他们的想法和意志会对企业的发展产生决定性影响。在一般的企业，董事会就是企业的管理层，而管理层也是企业的最大控股者，这样的企业几乎不会出现万科与宝能这样的事件。

此外，还有另外一些企业——比如万科，企业的管理层持有非常少或者不持有股份，却能够成为整个企业的实际控制者，公司发展的方向和命运也由管理层实际掌控。但这一切的前提是企业的管理层和大股东保持良好的默契和平衡，一旦这种平衡被打破，大股东想要根据自己的意志去影响企业的发展时，他们就有权力对企业进行控制和管理。而没有股权的管理层就只有两种命运：要么听从大股东的意见和想法，要么大股东改组董事会，管理层换人。而这一点，也恰恰是万科管理层所担心的。

在万科管理层的带领下，万科走过了30多年的成长历程，而王石作为万科的创立者，更是成了万科的灵魂人物。同时，他本身也对一手打造的万科有着深厚的感情。而万科目前所面临的处境，则源于其分散的股权结构，这些都有着非常鲜明的历史原因，不必细说。在与华润合作的十几年里，万科的管理层一直实际掌控着万科。

王石一手缔造了万科，创立了万科的品牌、价值观和企业文化，这些都是万科最宝贵的资产。在这样的背景下，王石必然不会接受一手创办的企业被“宝能系”控制、自己的管理团队被撤换的命运。不过在资本市场上，真正能够决定一个企业命运的依旧是资本。因此，对于万科的管理层而言，站在道德的角度对宝能进行谴责，也实属无奈。

而停牌拖延更是一种无奈之举，但也是万科管理层目前的撒手锏。对于资本的运作与争夺，持久的消耗战是不适宜的，况且，这种方式对众多中小投资者的利益会造成很大的损害。复牌后又必然引起万科股价的下跌，这种下跌会不会对大股东“宝能系”产生一定的影响还很难说，毕竟入主万科之际，“宝能系”的目标就已经很明确，那就是万科的实际控制权。未来的发展路径如何都是未知，至少从当前来看，改组万科的董事会是“宝能系”势在必行的，也是万科管理层需要面对的确切结果。

王石是不满意宝能入股的，从侧面也能够看出，王石是一个不会掩饰自己感情的性情中人。他战略上的失误也在于此。他不应该代表万科管理层公开表示不欢迎已经成为万科第一大股东的宝能。一般来讲，企业的最高管理者，对企业股权的变更没有发言权，虽然王石是万科的创立者，但是资本市场的规则如此，所以，当前主流舆论的导向并没有成为万科管理层对抗“宝能系”的武器。

需要说明的是，在中国市场上，股权结构与万科相似的企业并不是没有，例如联想。联想自创立之初，最大的股东就是中科院，柳传志持股不到 1%，与万科管理层极其相似。而王石与柳传志的私人关系很好，如今万科面临的困境，值得联想深思。另外还有新浪。新浪自创立之初就设计了非常分散的股权结构，而企业的实际控制权也一直被新浪的管理层掌握。不过，最终曹国伟获得新浪 16% 的股权成为第一大股东后，新浪这种与万科相同的境遇才被打破。

王石的好友褚时健，当年也是因为产权问题而失败。如今，王石也面临“野蛮人”的进攻。万科的管理层以万科的价值观和情怀为立足和根基，但是“宝能系”的入侵表明，价值观和道德根本无法解决资本脆弱的产权根基，万科的控制权也成为中国企业家“教父”王石以及万科管理层的共同痛点。

vanke

PART 04

万科究竟需不需要王石的情怀？

万科到底需要怎样的情怀？

在宝能与万科的战争中，“情怀”成为王石和万科的困局。作为万科的创始人和万科过去的实际掌权者，王石因情怀而创建了万科，成就了万科的优秀企业文化。而在王石浓郁的情怀以及万科文化的引导之下，万科在风风雨雨中躲过了一个又一个暗礁，获得了不可计数的荣誉，一跃成为中国房地产行业的领导者。可以说，是情怀和文化成就了今天的万科。因情怀，万科得以超然独立于其他竞争对手之中；因文化，万科成为地产领域的翘楚。这是万科不可复制的成功。

然而，今天的“万宝之争”也是因情怀而起。王石的情怀、万科的情怀，让一场看似简单的商业争夺，在舆论的声音下变得纠结而复杂。或许对于一个成功的企业来讲，讲求和尊重情怀是没有错的，不过在市场的规则下，如宝能一样进行合理的资本争夺更是无可厚非。

于是，如何去看待和安放情怀，成为王石为首的万科管理层需要面对和思考的问题。野蛮人也好、局外人也罢，在资本力量的颠覆之下，情怀应该何去何从？又该如何去平衡情怀与资本之间的关系？

万科文化，撑起企业精神情怀的支点

从整体上而言，我国企业的平均寿命是3年。之所以会有如此短暂的寿命，根本原因就在于企业在创建和发展初期没有确立自身生存的理由，或者很多企业将客户的需求和盈利作为长期发展的动力。但是从市场的角度来讲，市场需求只是企业得以存在的基础，而盈利也只是一个企业创建的基础需求，并非企业发展的终极目标。实际上，真正让企业得以成长和长存的是企业文化。

成立于1984年的万科，如今已经有了30多年的发展历史，是我国第一批在大陆公开上市的企业之一。而万科之所以有今天的成功，很大程度上得益于其健康的企业文化。万科的核心业务是房地产，所以它将自身文化品牌的利益点集中于“展现自我理想生活”，以客户的理想生活为出发点而建立了万科的品牌核心，进而提出了“建筑无限生活，健康丰盛人生”的文化创新理念。在这样的企业文化引导下，万科在几十年的发展中取得了良好的成绩，受到了市场的广泛认可，树立了独具特色的住宅品牌。

万科创始人王石因特有的情怀而著称，在王石的带领下，万科的企业文化也具有浓厚的人文情怀。在万科的不同发展阶段，万科的企业文化呈现出不同的导向，沿着一种上升的路径不断演进，推动万科一步步向更高的阶段和层次发展。可以说，万科今天的成功离不开它的企业文化。下面以四个表现为切入点，来解读万科在企业和市场的视角之下所呈现出来的独具人文情怀的优秀企业文化。

1. 高效、严谨的制度

作为房地产行业的标杆，从企业创立至今，高效成为万科企业文化的重要内容。经过 30 多年的发展，万科也建立了一套严谨的管理制度和流程，可以实现从质量、资金到人事方面的全貌管理。

王石表示，现代优秀企业的标志是制度化和职业经理人化，这也应该成为万科企业文化的基础部分。“你的休息也都应该制度化。如果你连休假都没有时间，那说明你在管理上有问题。”

2. 专注精神，让建筑赞美生命

专注为上，在专注中成长，是万科几十年发展的重要精神引导。对于个人来讲，专注是一种富有魅力的品质；对于一个企业来说，专注则是事业成功的基石。专注，于内是万科企业文化的一部分；于外，是万科情怀的细致体现。

2001 年以后，万科的发展步伐明显加快，获得的荣誉奖项也不断增多。虽然如此，万科专注于客户的精神却没有改变，而是在不断地深化。在一次次的品牌升级中，万科让亿万大众真正了解了万科企业文化中专注的精髓；在品牌的传播过程中，万科也让业主们因万科文化中浓郁的人文情怀而受益。

如今，“让建筑赞美生命”已经成为万科的精神和文化，万科的这一形象在深入人心的同时，也深刻地将万科的文化散播开来。有人表示，万科和王石，虽然是四个简单的汉字，但二者却组成了中国房地产领域的传奇。万科是一个有着专注精神和情怀的企业，也正是因为如此，万科制造才得以成为中国房地产市场内首屈一指的标签，万科精神也成为中国地产行业的魅力引导。

3. 人才是万科的资本

在初创时期，万科就有这样一个规定：亲属不共事。王石作为创始人，首先以身作则，自己的朋友、同学和亲人，他都不会用。1989 年，王石离开万科去外地学习，一年之后他学习归来，发现自己的表妹在万科上班。实际上，王石的表妹是通过正规的面试选拔而获得的这份工作，而且她毕业于知名高校的国际金融专业，恰好是万科需要的人才。但是王石却坚持劝说表妹离开自己的公司，而他让表妹离开万科的理由很简单：如果你有能力，在哪里都能够有所作为，没有必要非选择万科不可；如果你没有能力，万科是不会接纳没有能力的人的。最终，王石的表妹还是离开了，在其他企业获得了很好的发展。

万科举贤避亲的这一原则，可谓是万科企业文化中人才理念的一种独特表现，延续至今，也已经成为万科的独特情怀。而对人才特有的重视和培养，让万科获得了“地产界的黄埔军校”的美誉。公司本身的发展潜力会给万科的员工提供最多的提升和发展机会，这是万科寻找和吸引人才的重要法宝。对新人来讲，万科的这种文化是一种难以抵挡的诱惑。

此外，万科的企业文化形成了一套相对完整的人才培养体系，其中最主要的就是“精于此业，以此为生”的职业经理人的培养。对于每一个员工的培养，万科都会以此为基础展开。在万科人看来，万科的所有成就，都源于万科的所有员工。所以，万科的新员工在入职的第一天，就会被告知：“万科明天的每一个进步，从今天开始，都与你的努力密切相关。”这不仅是对员工的鼓励，更是对员工的信任。在这样一个充满归属感和信任的环境里，我们可以解读到万科所涵盖的企业文化的总和。

4. 文化理念

在万科的《职员手册》中，开篇会看到这样一段话：我们的宗旨——建筑无限生活；我们的愿景——成为中国房地产行业的领跑者；我们的核心价值观——创造健康丰盛的人生。这段话是万科文化理念的体现，在“建筑无限生活”的宗旨引领下，明确企业的愿景，让万科成为一个有共同理想和使命的生命联合体。

而致力于建设“阳光照亮的体制”也成为万科企业文化的情怀宣言。在这一理念下，万科对内平等、对外开放，在30多年的风雨历程中，一直坚守自己的价值观。作为万科的董事长，王石也一直在为万科的文化建设而不断努力。万科所取得的成就和散发的文化情怀，无疑是他精心经营的成果。

如果没有了文化和情怀做支撑，万科也许还是万科，但是难以有今天的成绩和如此深入人心的万科精神。在商业竞争中，企业可以不讲文化，不过好的管理者和好的企业却需要在发展过程中注重文化建设。万科的文化和情怀成就了万科，也成为万科的基因。王石用实力和情怀成就了万科优秀的企业文化，而万科的企业文化引导和带领着万科在不同的发展阶段书写了不同的传奇和辉煌。

王石到底具有怎样的理想主义情怀？

虽然王石一直是一个充满争议的人物，但无法否认的是，他的身上一直具有令人敬佩的理想主义情怀。王石曾经在一本书中说道，自己的成功就是有一天别人不再需要他。现实中，他也在不断追求这样一种理想和情怀。而让别人不再需要自己，也成为王石的终极理想和预言。

1995 年，王石被诊断患有血管瘤，对此，医生表示他很有可能瘫痪。可王石并没有像普通人一样住院治疗，而是选择了一条自我极限挑战的道路。从 1998 年开始，王石开始接受登山训练，五年后，他登上了珠穆朗玛峰，并在 2002 年到 2005 年的四年时间里，分别攀登了世界七大洲的最高峰，实现了地球南北两极的探险跋涉，成为世界上第九个完成“7+2”探险计划的人，在中国，他是第五人。在第一次登顶珠峰后，2010 年，59 岁的王石再次成功攀登珠峰，成为中国纪录的保持者，也成为世界上第一位从南北两坡成功攀登珠峰的中国人。

不仅在登山上不断挑战极限、超越自我，在企业的管理上，王石的理想主义情怀也表现得淋漓尽致，他独特的爱好让他在中国的企业家群体中有着独一无二的印记。王石 60 岁那年，突然觉得自己知道得太少了，于是，他选择去哈佛留学。在哈佛，王石的身份是访问学者，而他的研究方向则是日本在江户幕府时期的教育状况，以及当时日本工商界的情况。

选择这样的研究方向，是因为王石非常欣赏日本企业的管理模式。他曾多次去日本考察和学习。在万科的管理上，王石更是提出了“万科必须学习丰田”的口号。万科的三大战略之一——住宅产业化，就是源自日本的建筑管理模式。对于契约精神的尊崇，也是王石的精神信仰和情怀。因为登山，他了解了佛教，而西方的游学经历，则让他对基督教也有了深刻认识。在王石看来，现代的企业，其制度的建立是和契约精神密不可分的，而契约精神的根源就是宗教。

从中，我们也可以看到王石的理想主义情怀，放到他个人身上，表现为两个特点：一是坚持。即使年过花甲，王石也从来没有放弃对生命意义的追寻。登山、游历、学习，他通过这些方式不断印证自己的观点和看法。二是与众不同，甚至有些格格不入。当别人都在使用免费的盗版办公软件时，他会选择使用正版；而人们到了他这样的年龄，一般会选择享受生活、颐养天年，他却要不停地去“折腾”自己。而这些，都源于他的理想主义情怀。

王石的理想主义情怀也直接影响了万科的企业文化和气质。在万科上市之前，王石作为创始人和最高管理者，拥有 40% 的股份，但是他主动放弃了。在外界看来，王石的这种行为是很难理解的，而这恰恰是王石理想主义情怀的重要体现。在名与利面前，他选择了名，而这也让他获得了对万科控制权的道德优势。而且，王石曾经不止一次地在多种场合公开表示“万科不行贿”，这是极具理想主义情怀的万科语言，万科也真正做到了。王石真正让万科实现了“阳光照亮体制”。

在当下形象模糊暧昧的房地产企业群体当中，王石让万科因情怀而鹤立鸡群。在万科的内部文化上，他也不鼓励很多企业倡导的狼性竞争，不提倡员工因为工作而耽误家庭，而是大家共同面对困难，通过高质量的产品和技术来获取胜利。正因如此，以理念奠基、视道德伦理重于商业利益，成为万科的最大特色。可以说，王石将自己定位于职业经理人这一点对于万科是成功的，而他的理想主义情怀赋予了万科与众不同的气质和生命力，让整个万科团队因共同的理念而不断成长。

王石也曾经多次说过，万科就是他的一部作品，让万科成为一个有理想和追求的房地产商是他一直追求的目标。万科这个作品体现了王石所有的理想和情怀。在王石的带领下，万科汇聚了一大批理想主义人才。翻开万科的年报或者文案，我们会发现，万科的优秀之处就是因为这一份独特的理想主义情怀。

万科五龙山“山盟海势大城启”是万科在四川成都的一个高端项目，在2011年正式启动，项目完成期限为5年。2016年3月19日，万科准备召开首场品牌发布会。

为了准备这场发布会，万科的做法与传统发布会很是不同。没有振奋人心的口号，没有铺天盖地的广告，有的只是一场安静而低调的情怀营销。在正式发布会前，万科仅通过四份极具情怀的“山盟海势”H5文案就已经大造声势。文案的开篇是《山》篇，一句简单的“五年，我想和你聊聊”引出下文：

山有山的巍然 / 山中万物、生生不息 / 城有城的繁华 / 日出城中作，日落山中息 / 五年来，生活的梦想从未停歇

梦想，在山间流动 / 在每一次，山与城的归家路上 / 聆听山的从容、城的荣光 / 而这一次，2016，五年龙山 / 大城启

陪伴是最长情的告白 / 而家是最温暖的陪伴 / 你懂陪伴，万科懂你 / 龙山五年，相伴相知亦深 / 我们坚持、承诺、兑现 / 万科和您，与家、城市奔向未来

伴随着文案，万科以家庭为单位，采访了五组业主家庭。老年、中年和年轻的孩子们在一起回忆五龙山，一起谈生活、家庭和梦想，而每一个年龄段的人都有各自的感悟。这种形式让万千业主迅速产生共鸣。强烈的代入感

让这篇H5文案在3月16日晚迅速刷屏，达到接近2万的浏览量。3月17日，万科又请来6名媒体人员，这6人都是在2011年报道过五龙山的记者，而通过他们来重温当年动人的回忆，又使得当日文案的浏览量猛增。伴随17日活动的文案是《盟》，“来，我们赴一场五年之约”：

远山处，春风十里/想当年，把酒言欢，畅怀山林间/城中山，山之大成/再相聚，老友畅谈，激昂大山大城间

以山为盟，以爱之名/媒体、万科、知己、老友/五年，还是当年的我们/共赴这一段关于爱的/五年之约

山为君/五年砥砺，风华绽放/五年耕耘，兑现一座城

城为盟/五年龙山，有你一路相伴见证/五年龙山，有你自始至终的扶携信赖

3月18日，万科请来房地产行业和广告创意行业的知名人士，邀请他们手写对五龙山的祝福。这一天的H5文案是《海》，“海上生明月，五年共此时”：

海水容纳着百川/山川收藏着家园/在山海间，寻回理想的起点/一段段故事、征程/一路有你，风雨兼程/海上生明月/五年共此时

长风破浪会有时/直挂云帆济沧海/我们依然在破浪前行/向更广袤的未来/明天，盼您如期赴约

这最后的“势”是3月19日在龙山公园举行的正式发布会。发布会上，万科再次引用“陪伴是最长情的告白/你懂陪伴，万科懂你”这样独具情怀的独白，真正让情怀成为一扇推开万科承诺与坚持的大门。五龙山项目的成功，不仅仅是因为优美的环境和配套设施的完善，更是因为万科对理想主义情怀的引导，让五龙山的业主们可以在这里自由地追逐情怀和梦想。

有人认为，情怀和盈利难以共存，但王石做到了。万科用理想主义情怀

许诺五龙山一座城，五年后，这座城有了雄伟的轮廓。因为王石的理想主义情怀，万科成为透明、纯净的企业典范。即使这种理想主义情怀存在着巨大的隐患，但不可否认的是，在王石的带领下，万科的卓越成绩是有目共睹的，而他的情怀也是令人敬佩的。

解读万科的工匠精神和匠人情怀

自从创立万科以来，王石在中国地产界就有了“地产教父”的美名。如今，万科已成为世界范围内数一数二的住宅地产开发商，王石带领的万科管理团队也成为中国职业经理人的标杆。过去的岁月里，王石不断用行动践行自己的理想和情怀，随着个人辨识度的增加，他的形象已经超越了商界的范畴，他的情怀也让他成为大众偶像的代表人物。

万科的每一部作品都淋漓尽致地体现了万科的工匠精神和王石的匠人情怀。在王石看来，工匠精神是万科能够在地产界脱颖而出的法宝，具备了工匠精神和匠人情怀的万科才是真正具有生命力的企业。对于万科的工匠精神，简单概括就是精益求精，把每一件事做好。王石本身就是一个具有匠人情怀的领导，同时他也多次在演讲中强调这一精神和情怀的重要性：

“工匠精神在中国才开始发挥作用。正因为我们从黄金时代到了白银时代，工匠精神现在才显出来了。企业如何精益求精，如何做产品，尤其是我们的产品卖了之后，如何以客户导向为第一，到最后一步物业管理如何，这些现在才仅仅是开始。

“工匠精神是什么？我觉得第一是要安心自己所做的工作。我不想对‘80后’‘90后’说爱一行干一行，我想说你不爱也得把它做好。‘有心栽花花不开，无心插柳柳成行’，我有很多目标，我想做的事情实际上很多做不到。但是在做不到的过程当中，你一直在努力做、认真做，它对你都是积累、都是营养。真正机会到来的时候，它会更多给你助力。”

王石的工匠情怀，更体现在他对万科每一个项目细节的完善上。就拿坐落在山西的万科云城项目来讲，整个建筑的任何一个部件王石都要求做到完美，阳台、楼梯，甚至外墙的部件都是从工厂预先定制。这些外部部件被运送到施工现场后，通过吊车安装到建筑的指定位置，然后再进行固定。用王石的话来说，这样的过程就是一个搭积木的过程，所以一定要做好。而这种“万科创造”的建筑方式是很多人都不曾见过的。万科的住宅惠及众多业主家庭的背后，就是万科的工匠精神和王石的匠人情怀。

对此，王石对万科的员工强调，对自己所从事事业的热爱一定要胜过热爱它所带来的利益，更要“将产品当成艺术，将质量视为生命”。唯有如此，才能做到精益求精，才能表达出作品的情怀和生命力。

除了在建筑设计和创新上强调精益求精，在产品的验收环节，王石也要求万科追求极致。门扇与地板之间的距离是 5 毫米至 8 毫米之间，这是国家规定的标准，而万科是 10 毫米，如果达不到，必须全部整改，这是王石的标准。或许在一般人看来，2 毫米的误差几乎可以忽略，但在王石看来，在万科内部，这是一件必须做好的事情，如果出现失误，负责人员就需要向业主亲自说明并且诚恳道歉，而后进行全部整改。

这种对建筑的质量要求，让万科在业界形成了良好的口碑。作为万科的领导者，在万科的每一个项目中，王石都会派“质量大使”进行监督，同时还规定了万科项目施工“质量第一”的原则：当成本和质量发生矛盾时，应当先保证质量；当施工的时间安排与质量发生矛盾时，同样要先保证质量。而且，“质量大使”有独立行动的特殊权力，可以在不汇报的情况下直接销毁施工现场发现的存在质量问题的物品。

曾经有一位深圳的工程师表示，对于建筑的方正度和表面平整度，国家的标准是在 8 毫米以内，而万科的标准则必须控制在 3 毫米之内。为了保证这一标准能够确立并执行，万科设立了专门的测量小组，形成了一套自己的验收方法，对不符合万科标准的工程都责令整改，而整改后的工程都会标记责任人，以“方便后期责任追查到人”。同行业的很多开发商都不明白王石为什么对建筑的要求如此苛刻，但万科内部的员工表示理解，这就是王石工匠精神的重要体现和最基本要求。

在王石看来，建造房屋是一个精益求精的过程，万科的每一处住宅都体现着万科的水准和精神，更是对万科情怀的诠释。创造出完美的作品，需要一种工匠精神，需要每一个万科人都具备一种匠人的情怀。2012 年，万科启动了一个名为“千亿计划”的项目，即花费一亿的资金派遣一千名工程师去日本学习工程管理经验，将日本先进的“住宅产业化”理念引进中国。

如今，“住宅产业化”这种前瞻性的建筑理念也成为万科的核心竞争力。在这一理念的指导下，万科建筑每平方米的价格要比传统的工艺高出 300 元左右，但建筑质量却获得了大幅度提升。

而面对效益和质量相矛盾的实际问题，王石表示，对于万科而言，无论在什么样的情况下，都应当坚持将建筑的质量放在第一位。他不止一次地在公开场合表示，哪怕牺牲很多成本、宁可把工程的速度放慢一些、即使少一些理论都不要紧，保证质量才是最关键的前提。在“住宅产业化”成为建筑业发展方向的时代潮流中，在王石的带领下，“质量第一”已经成为万科的制造标准，精益求精的工匠精神和匠人情怀也成为万科成长路上的精神灯塔。

在 2015 年宝能三次举牌增持万科的局势下，王石再一次出现在公众视野，虽然他一手缔造的万科当下面临着最大的危机，但这位身材消瘦、须发略显灰白的 60 余岁老人依旧精神矍铄。在“万宝之争”前，王石的大部分时间都是作为一个和地产并无太多直接联系的公众人物出现，面对宝能的不断逼近，王石依旧用情怀去捍卫万科，呼吁万科最终的文化和价值观。他表示，万科因工匠精神和情怀而塑造的最具价值的品牌信用是宝能无法延续的，“谁是万科的股东，万科是不可能一一选择的，但谁是万科的第一大股东，万科是应该去引导的”。万科走到今天，依靠的是制度和团队，万科有今天的成功，凭借的是匠人精神和情怀，王石的态度，让大家看到了他捍卫万科价值观的坚决。

对于王石来说，从过去的2015年到如今，他的生活一直存在太多的变数和转折，而宝能来势汹汹地出现，让游离于地产圈边界的王石再一次走到台前。一次发声、一份宣战，最终的结局是什么或许可以预料，但是无论如何，王石依旧是当年的王石，他的情怀还在，时间和岁月也没有消磨掉他当年的意气。王石的情怀缔造了万科的工匠精神和文化，而他要缔造一个规范而透明的万科的这份理想和情怀也从来没有改变过。

王石的教训：将情怀凌驾于资本之上

在讲求资本和规则之际，王石也在强调情怀。有意或者无意，在众多的舆论之下，王石将自己塑造成了一个弱者和悲情的英雄。在宝能连续增持之后，以王石为代表的万科管理层一直在加紧行动，尽全力去阻止宝能主导万科。在一系列应对宝能的措施中，王石所做的最关键的步骤就是发动舆论战争。伴随着万科管理层讲话的公开，王石以及万科管理层与宝能的对抗也逐渐成为被公众广泛关注的焦点。

回首万科近30年的成长历程，我们可以看到王石的情怀。当年，他放弃万科控股权是有情怀的，也是智慧与理性的选择；创业之初，王石定下目标，不让万科走官商之路，而且按照现代企业的理想去塑造万科，这一点，王石也是有情怀的。正是因为王石的情怀，万科得以在深圳1990年的贪腐大案中幸存下来，并脱颖而出；也是因为王石公开表示并坚持“不行贿”的情怀，让万科的发展越来越壮大、健康，最终成为中国最成功的房地产企业。

王石没有雄厚的个人资本，却让万科获得了绝佳的社会赞誉，可以说，这一切都得益于王石的情怀。而王石也因自己的情怀得以在地产界呼风唤雨，赢得敬畏。在他的带领下，虽然2013年后地产界进入瓶颈期，但是万科却依旧健康发展，2013年的净利润是151亿人民币，2014年的净利润是157亿人民币，是唯一一家呈现正增长的房地产企业。同时，业界也一致认为，万科的资产质量之所以如此高，全部得益于以王石为领导的万科管理层对万科的管理。

从过往的成绩来看，王石的情怀的确起到了决定性的作用，但成也萧何，败也萧何，也恰恰是情怀，让王石在“万宝之争”中处于劣势。在与宝能的争夺中，王石将他的情怀凌驾在了资本之上。依据资本的不同情况，当代企业可以划分为四种类型，分别是国企、家族式企业、资本性私企和散户式私企。

国企由国家控股，资本也由国家全部控制，相对地也会因官权而延伸出傲慢、低效率的企业文化和作风，一直被资本市场所诟病。家族式企业则表现为个人绝对控制股权，而且股权也是以传承的方式延续；企业的管理则是家族化管理或者部分委托职业经理人，容易形成管理上的独断，企业的发展也很难长久。资本性私企的形成则是因风险投资或者股权收购，企业被一家或两家以上的资本所控制。这些资本一般情况下分为两部分：一部分用于财务投资，以便于分红；另一部分则用于企业控制，形成资本的独裁。

而散户式私企，就是王石所期望的理想形式，也就是大众持股的公司。在这样的企业之内，资本的权力相对分散，没有实际的大股东去控制企业，所以从一定程度上来讲，这种企业可以形成一种民主的资本权力体系。这也是现代职业经理人较为满意的企业架构。由于股权的分散，企业的管理层需要听取众多股东的意见和声音，所以从客观上来讲，散户式私企的形式能够满足更多股东的需求，同时也可以增进企业的社会责任感。

王石的情怀和梦想是将万科打造成一个真正意义上的现代企业，让万科成为一个典型的大众持股的公司。所以，自 1993 年以来，万科最大股东的持股比例就未曾超高 10%，即使 1998 年最高的时候，万科前十大股东的股份总额也只有 23.95%。王石曾经也有过占有一半万科股份的机会，但是为了自己的情怀和理想，他放弃了，他的梦想是做一个优秀的职业经理人，而不是资本家。

当然，大众持股的企业很容易被资本袭击。世界上有很多类似的知名案例，比如乔布斯。乔布斯在创立苹果公司后被资本持有者踢出了自己的公司，不过最终他还是成功地回到了苹果，并带领苹果走向辉煌。王石则没有这么幸运，最初他因为情怀而放弃了股份，试图将万科打造成一个众人持股的企业，导致了万科股权的分散，这难免让万科随时面临资本的碾压。在宝能之前的 1994 年，君安证券就试图大规模收购万科的股份，好在王石及时应对，解除了危机。这一次的胜利好像并没有给王石敲响警钟，反而让他更加盲目自信。而从“万宝之争”到“万华之争”再到华润与宝能同时对万科发难，其中的深层次原因就在于王石蔑视资本，将情怀凌驾于资本之上。

王石这一代人或多或少都有着英雄的情怀印记，当初万科股份改造，王石放弃个人股权就为今天万科的控制权之争埋下了伏笔。在今天看来，通过能力而不是通过股权来控制一个公司是行不通的，但是王石却具备这样的自信，他不相信资产可以左右自己的能力，所以他自信地选择做一名职业经理人，相信不通过资产和股权，他依旧可以管理好万科。

事实证明，王石是错误的，在没有控股权的今天，管理是很难实施的。虽然不持股成为王石和万科的招牌和情怀，让万科游走于体制的规则之外，在过去的发展当中也得到了很多实惠，但资本市场的运作规则是万科无法避免的，依靠精神和情怀来实现管理、控制股份终究是镜花水月。

虽然我国资本市场的发展历史很短，不过像宝能一样通过收购股权来改变企业领导层的案例，万科并不是第一个。早在 1993 年，深圳宝安就通过收购延中的股票改组了延中的董事会。资本的力量是无情的。20 年后，相同的戏码再次上演，万科和宝能的争夺再一次证明了经济基础决定上层建筑，精神与情怀终究无法凌驾于资本之上。

可以说，万科 30 年来的发展获得了巨大成功，而成功的大部分原因是王石在创业之初的情怀让万科走上了一条正确的道路。随后，万科的上市让其获得了大量社会资金的支持，而获得社会资金支持的途径是让渡万科的股份。王石能够借助社会力量将万科做大做强，就在于他在企业股份改造之时放弃了大部分股份，而将万科的所有权分散于社会资本当中。在感叹和钦佩王石的魄力与情怀之际，我们也必须看到他的这种情怀与资本市场的基本特点并不相符合。

从本质上讲，资本一直以来都是一把双刃剑，它可以让企业迅速发展壮大，也可以颠覆企业的创业、管理团队。正因为如此，很多创业者选择不上市，对社会资本敬而远之，从而保持了对企业的绝对控制权。在中国，资本市场的运作也是如此。王石将情怀凌驾于资本之上，一厢情愿地认为可以通过情怀的力量实现对万科的控制和管理，所以遭遇今天的困境和挑战也在情理之中。

万科与宝能的争夺，是非曲直还需要时间来检验，但从万科管理层的角度来讲，面对宝能的进攻，万科管理层在资本市场的劣势已经凸显。单单依靠情怀、通过舆论来质疑宝能的收购动机和道德问题是远远不够的。或许，万科与宝能的争夺未尝不是一件好事，它让王石看到了在情怀与资本的对垒之下什么才是最重要的，也让人们更加深刻地了解了资本市场的运作特点。

其实，无论是王石还是其他上市公司的管理者，他们都应该意识到，对企业的实际控制权的大小取决于资本控制的舵手，如果无视资本权力、缺乏股东意识，而仅仅依靠情怀这样的精神力量去管理企业，最终难逃被资本颠覆的命运。或许，只有依据市场的规则，做好“资本的奴隶”，在这样的前提下再去谈论情怀，才能得到资本的青睐，实现企业长远而健康地发展。

如何让资本博弈超越情怀纷争？

万科是王石一手塑造的作品，就如同自己生命中不可或缺的一部分一样。所以，面对宝能的恶意收购，面对万科将落入他人之手的危险，王石代表万科的管理层喊出“万科不欢迎野蛮人”这样激烈的话语，在大众看来也是情有可原的。王石这样的喊话虽然具备了足够的情怀，但细细推敲之下，却难免失之于理。

为什么这样说？因为资本市场的主体就是资本，其运作也是一场资本的博弈。实际上，在资本市场上并不存在野蛮和善良的分别，它有自己的规则，无论是谁获得最终博弈的胜利，只要符合规则就可以。更何况，王石只是万科的管理者。虽然他是万科的创始人，但在没有绝对控股的情况下，万科并不是王石的，也不是以王石为代表的万科管理层的，而是属于万科的全体股东。从产权经济的角度看，宝能作为万科股份最大的持有者，很显然比王石更具有代表万科的资格。

所以，面对王石激烈的情怀，宝能的回应更加淡定和中规中矩：“重视风险管控，重视每一笔投资……恪守法律，尊重规则，相信市场的力量。”在宝能看来，资本市场的游戏，只要遵守资本的规则、尊重产权的归属就是可以的。而王石作为万科的控制者，不能用情怀去挑战资本，更不应该在这件事上通过过多地宣扬情怀来抵制第一大股东宝能。王石对于宝能的拒绝和抵制，已经违反了市场经济的规则，即使他和他的管理层确实对万科有无法割舍的情怀，也应该和宝能进行资本的博弈，而不是拿情怀来据理力争。

在资本市场，产权属性是市场经济的核心原则，在这一点上，宝能的出现也是合乎道理和准则的。但是，王石和万科的管理层也确实对万科有割舍不下的情怀。所以，面对情与理的矛盾，王石代表的万科与宝能之间的矛盾也同样难以理清。对此，证监会似乎更偏向宝能一边，表示：市场主体之间收购、被收购的行为属于市场化行为，只要符合相关法律法规的要求，监管机构不会干预。如果将“万宝之争”看作一场情怀的纷争，那么双方最好的结果无非是都能在合乎规则的框架下展示自己的筹码，最大化地争取自己的利益。

在现代商业文明中，类似万科和宝能这样的矛盾是很常见的。股东、管理层和监管层这三个要素是资本市场上必不可少的一部分，也是让资本市场得以公平运作的重要支撑，重要的是如何去调整和平衡这三者之间的利益。当然，争端和矛盾的存在也是必然的。但就万科与宝能的争夺来看，王石在理上处于劣势，并以情怀和道德为由对宝能加以抵制，从而让整个事件在舆论的纷争中愈演愈烈，几乎难以收场。

可以看出，在整个事件当中，情怀已经成了王石及其管理层的专利，而与万科对抗的宝能，则处于情怀缺失的状态，这也是王石不欢迎宝能的重要原因。这不禁让人思考，在市场的资本博弈当中，我们是否应该尊重情怀？还是应该回归利益和规则的层面，在商言商，在利言利？或许有人会认为，在这种猛烈的情绪效应之下，坦诚、直接地去面对事情的本质才是王石最应该具备的情怀，如果不尊重规则，将情怀凌驾于资本之上，必然会被资本颠覆。那么，如何才能让资本的博弈超越情怀的纷争？从王石的教训中，我们可以总结出以下三点经验：

首先，情怀最终还是要归于市场，市场才是检验情怀的最终标准。人性对利益的追逐是驱动市场进步的动力，这一点无可厚非。万科与宝能在情怀与资本之间的冲突和博弈，最终还需要市场去做最后的裁决。所以，如果真的具备情怀，那么就应该尊重市场和市场的界定与规则，只有如此，才能让自身的情怀发挥价值和力量。就像宝能说的那样，“相信市场的力量”，因为一切都将回归市场，这是无法避免的，只有市场才能检验情怀，才能裁决最后的胜利者。

其次，情怀需要规则的保护。每一个人、每一个群体都需要情怀的滋养和浸润，资本市场也是如此。同样，每一个企业都有自己的情怀目标，如万科，相信宝能也是如此。只是，每一个个体、每一个企业都有各自不同的情怀，而对于世界的整体来讲，最大的情怀就是建立一个统一而正义的透明规则，在规则的保护下去公平地追求自己的情怀。如果将情怀凌驾于规则之上，不断地挑战规则，最终难免会被规则淘汰。资本市场建立规则的根本就在于通过程序实现正义，资本的博弈如此，情怀的纷争也一样。对于王石来讲，规则才是情怀的最大保护者，也是最终的保护者，而他的错误就在于过于相信情怀的力量，而无视资本的威力和规则，才让宝能有可乘之机。

最后，情怀的本质和内涵是理性。因为对世界的信任和对未来生活的美好憧憬，人类才有了情怀，但需要注意的是，情怀并非虚无缥缈的存在。我们需要知道，世界是矛盾的，美好的生活中也有很多错综复杂的不确定性。情怀的可贵之处就在于它所存在和散发的理性光芒。王石是一个理性主义者，在他的身上人们也能看到他所具备的理想主义情怀。万科是王石情怀的折射，在他的坚持下，我们也从万科的成长中看到了他的理性光辉。而万科与宝能的纷争，即使当下依旧沸沸扬扬，最终还是要回归理性。不忘初心，方得始终，这才是万科最应该具备的情怀。

所以，对于王石来讲，资本市场的运作才是最重要的。如今中国的市场已经改变，而新的资本博弈也开始上演，在这样的环境下，王石应该重新审视自己和市场，尊重资本市场和规则，这一点是与他、与万科的情怀并不相悖的。只有使资本的博弈超越情怀的纷争，才能让情怀得以延续和发挥价值，才能让万科实现情怀的初心。

vanke

PART 05

华润与万科为何会反目成仇？

华润到底在反对什么？

华润稳坐万科第一大股东的位置已有十几年，双方关系一直都相当不错。

按理说，当万科遭遇“外族入侵”的时候，华润应该会第一时间站出来助它渡过难关，更何况，万科的代表王石还几次三番登门拜访华润的当家人傅育宁。可令人大跌眼镜的是，华润不但没有帮助万科的意思，还反过来站在“入侵者”一边，助其“入侵”万科。

至于华润为何要这样对待昔日的盟友，外界众说纷纭，始终没有一个有说服力的说法。不过可以肯定的是，万科和华润这次反目成仇，一定会在双方的心里留下永久性的阴影，即便以后事情圆满结束了，二者恐怕也不可能和好如初。

华润与万科为何会反目成仇？

华润一直是万科的第一大股东，按理说，当“宝能系”进军万科的时候，作为第一大股东的华润，应该第一时间站出来帮助万科。但种种迹象表明，华润不但没有助万科一臂之力，甚至还和“宝能系”站在了同一条战线上，来共同对付万科。那么，曾经让万科最依赖的靠山，为何会与之反目成仇？

其实，答案也不是很难寻找。

在万科为应对“宝能系”的入侵而决定确立新的重组方案时，华润这个第一大股东是持反对意见的。它反对的其实并不是确立新的重组方案，而是反对万科让深圳地铁入股万科。

在华润提出的反对理由中，有一点值得深思，那就是：万科无须发行大量股票，通过债权融资支付全部交易对价就可以。也就是说，华润认为，万科要购买深圳地铁资产，可以通过其他方式进行，并不需要通过发行股票的方式。

万科停牌重组，可以分解为两部分：第一，是否通过增发新股来引入新股东，以击退入侵者“宝能系”？第二，能否找一个满意的增发对象，以达成增发的目的？

对于万科来说，这两个部分，第一个是核心，第二个是从属。第一个若是被否定，第二个也就无法进行下去，而华润否定的正好是第一个。因此，万科停牌重组的愿望便只能落空。

众人皆知，万科通过增发新股来引入深圳地铁作为新股东的主要目的，就是为了击退“宝能系”的入侵，以维护万科的企业价值。一般来说，面对外部“野蛮人”的入侵，公司股东持反对意见是再正常不过的事。但华润反对向深圳地铁发行股票的做法，不但意味着万科之前所做的阻击“野蛮人”入侵的所有努力将付之东流，而且也表明，华润很乐意接受“宝能系”成为万科的第一大股东。

从之前上市公司应对恶意并购的事例来看，当上市公司遭遇外部资本恶意入侵时，公司原第一大股东一定会和管理层携手并肩，共同阻击敌人。像华润这样对恶意并购者持欢迎态度的，似乎还没有。这就很耐人寻味了。

回顾“万宝之争”的整个过程，作为万科原第一大股东的华润，在许多方面的行为的确令人难以理解。毕竟第一大股东在公司面临危机时，都会做出一些积极的反应，但当宝能举牌万科，甚至将取代华润成为万科第一大股东时，华润不但没有任何反应，甚至还劝万科接纳宝能。而当万科引入外援时，华润居然站出来反对，甚至不惜公开与万科决裂。接着又与宝能联手在股东大会上否决重组方案，这些行为真的很奇怪。

据说，华润在“万宝之战”开始不久后就找过宝能，并与其进行了一次详谈，结果是宝能明确表示不反对华润继续做万科的第一大股东。此前，也有传言说，华润与“宝能系”一直有业务上的往来，在“万宝之争”发生后，双方还第一时间在新加坡举行秘密会谈，讨论万科股权的问题，这一点万科管理层还一直被蒙在鼓里。所以，对于万科管理层而言，“宝能系”举牌万科的行为是“野蛮人”入侵。而对于华润而言，“宝能系”是合作伙伴，入股万科的行为并非是“野蛮人”入侵。因此，作为万科原第一大股东的华润，在此过程中的种种异常表现也就合乎常理了。

在“万宝之争”不久之后，华润对外表示拟改组万科董事会与监事会。

而当时华润已经退居二线，成为万科的第二大股东，第一大股东是“入侵者”“宝能系”。但若是没有“宝能系”的支持，华润这个第二大股东，就不可能实现对万科董事会与监事会的改组。所以说，华润是获得“宝能系”支持的，它已与“宝能系”彻底联手。

有人说，华润或许想重新成为万科的第一大股东，但这是不可能的。华润与“宝能系”联手的目的，也许只是希望借助“宝能系”成为万科的控股股东，使万科成为它的控股子公司；又或者二者联手，只是为了控制万科董事会，掌握万科的控制权而已。而万科管理团队引入深圳地铁作为新股东的行为，恰恰打破了华润的计划，所以华润与万科撕破脸，主要还是因为万科为阻击“宝能系”的入侵而引入新股东的做法，打破了它与“宝能系”合作的局面，会让它失去对万科的控制权。因此，华润与万科之间的分歧也就在情理之中。

在“万宝之争”发生前，华润做了万科十几年的第一大股东，以王石为代表的万科管理层，一直将华润看作最大的靠山和最好的合作伙伴，王石曾不止一次在公开场合夸奖华润是“最高雅的股东”。其实，王石之所以会如此看重华润，除了它是背景强大的央企外，最重要的是它从来都扮演着“甩手掌柜”的角色，未曾干预过万科管理层的工作，而是将所有的权力都交给王石他们。但这次，这个“甩手掌柜”却表现出与以往不一样的态度，不但没在关键时刻帮助危难之中的盟友，甚至还和原本的共同敌人合作，共同打击昔日的盟友。

其实，作为一家实力雄厚的央企，华润之前甩手掌柜的行为，并不能表示其对万科不上心，也不能说明它能力缺乏，而是当时华润的“掌门人”对万科存在着一定的感情。

就在“野蛮人”“宝能系”入侵万科之时，有人称王石已从中粮等处获得上百亿资金支持，但遭到中粮集团董事长宁高宁的否认。

宁高宁与王石关系一直很好，从 1987 年进入华润到 2004 年离开，宁高宁在很长一段时间都在华润担任要职，在华润有着巨大的影响力。此后，宁高宁转而担任中粮集团的掌门人，又在 2016 年 1 月 5 日转任中化集团的一把手，可能这就是王石从中粮获取百亿资金支持化成泡影的原因。因为宁高宁即将离任中粮，在权力交接之时，他已无力解救万科，对华润施加影响力也更不可能。

所以，万科的盟友华润在易主之后，对其并没有之前的浓厚感情，既然如此，华润当然要拿回自己应有的权力。而万科的管理层却要引入另一些人来稀释华润的权力，华润当然不答应，即使与“野蛮人”宝能合作会将自己的位置压下去，但至少它可以获得对万科的实际控制权。因此，华润和万科的反目成仇是注定的事。

携手 16 年，公开翻脸为哪般？

从 2000 年开始，华润一直是万科的第一大股东，二者也相处得非常融洽。但从 2016 年开始，宝能入股万科，华润与万科之间的关系便发生了翻天覆地的变化。两个至交好友突然在一夜之间反目成仇，这绝对没有表面上看起来那么简单。外界一直在猜测双方交恶的原因，但似乎找不到一个合理的理由。

万科与华润之间的交集，可以追溯到很久以前。那时候，万科刚在深交所挂牌上市，作为国企的华润在掌门人宁高宁的主导下，开始控股万科，并成为万科第一大股东。华润控股万科的目的，就是要获得万科的控制权，为此还做过两次尝试。

第一次是 2000 年 12 月底，万科决定向大股东华润定增 B 股，目的是让华润对万科的控股率能达到 50% 以上，但终因小股东们的强烈反对而宣告失败；第二次是 2001 年 5 月底，万科决定向华润增发一定比例的 A 股，华润则把手上所持有的北京置地的股份转给万科。华润这么做是想达到“华润控股万科、万科控股北京置地、北京置地控股华远地产”的目的，却遭到华远地产掌门人任志强的破坏，最终也只能宣告失败。

华润之所以会这么做，就是希望通过整合万科和华远地产，坐上中国住宅行业龙头老大的位置。在入股万科前，华润就通过收购华远的股权打开了北京市场；当入股万科后，便开始整合万科与华远，建立“北华远、南万科”的地产帝国。宁高宁曾经对外表示，华润的地产帝国梦短期内还无法实现，现在只能先做个本分的财务投资者。所以在 2000 年至 2004 年期间，华润几乎从不干预万科的日常运作。

宁高宁主政华润期间，华润与万科的关系可谓是亲密无间。又加上宁高宁和王石之间总有种惺惺相惜的感觉，两人的私交出奇地好，所以当时的华润和万科更是亲上加亲。即便是 2004 年年底，宁高宁调离华润出任中粮集团董事长，他依然与王石保持着良好的关系，当然那个时候的他，已经不能代表华润了。

继任宁高宁位置的是宋林，他与宁高宁同是山东人，共事多年并且关系一直很不错。宋林上任不久，便决定带领华润转型，在母公司进行战略调整的前提下，华润旗下的子公司也开始进行相应调整。之后，宋林辞去多个子公司的职务，将更多的精力放在房地产上。他的意思很明显，就是想告诉外界：华润看重的是所能掌握的客户数量，而不是地产本身。

在对华润的业务进行调整的同时，宋林还担任万科的副董事长。此时的万科已发展得很好，不但每年的销售业绩呈直线上升的趋势，而且还成为行业内的第一个千亿房企。当时，华润持有万科的股份依然是 14.73%。此时的华润，年销售额只有 200 亿，远远低于万科的年销售额。万科已成为行业老大，再想要整合它，难度是相当大的，但宋林并未放弃控制万科的目的。不过，因为此时华润内部和外部力量都比较薄弱，若强行整合万科，只会给华润带来麻烦。更何况万科的快速发展，也确实给华润这个第一大股东带来了很多好处。于是，宋林决定暂时搁置对万科的整合。

但在 2014 年，宋林却因违反规定而被组织调查，并离开了华润。未能整合万科，或许是他一生的遗憾。

2014 年 4 月，招商局集团原董事长傅育宁接替宋林的位置，任华润集团董事长。傅育宁是一个非常睿智的人，学历很高，非常熟悉商场上的资本运作。接手华润后，傅育宁很快便显露出商业才能，他开始对华润进行一系列整合。即便是对万科，他的做法也与前两任有很大的不同。在此之前，万科的副董事长一直由华润的董事长担任，但傅育宁却派华润总经理乔世波去接任，这就显得有些异乎寻常。

此后，傅育宁所表现出来的种种行为，都表明华润与万科之间的关系在发生着微妙的变化。华润再也不是万科所能依赖的靠山，而万科也不再是华润甩手不管的入股公司。然而，万科的管理层却还没有预感到危机的到来。

从 2015 年 7 月 10 日开始，宝能通过三次举牌，成功替代华润，成为万科的第一大股东。当王石等人上门请求帮助之时，傅育宁以“实在太忙，没空接见”为由，将他们拒之门外。一直以来都非常支持万科管理层的华润，突然之间转变态度，这让王石他们有些措手不及。当宝能第四次举牌万科后，王石等人眼见求助华润无望，便于 2015 年 12 月 18 日宣布万科停牌重组。然后，他们利用这段时间奔赴各处，寻求其他投资者入股万科，达到驱赶“野蛮人”的目的。

终于，万科找到了深圳地铁集团这个帮手，并与之签署战略合作协议，以发行新股的方式引入深圳地铁。此事引发了华润的强烈不满，双方关系开始出现决裂的迹象。

接着，华润对外宣称，万科从未对自己说过要引入深圳地铁一事。也就是说，华润认为，万科管理层未经董事会同意擅自签署合作协议，这是不符合相关规定的。但万科却说，此事事先早已告知华润。更何况，签署无约束力的协议，无须经过董事会和股东大会的同意。

也有人说，华润之所以会强烈反对深圳地铁入股万科，主要有三个方面的原因。

1. 不甘心成为第三大股东

华润一直想夺回第一大股东的位置，却错过很多机会。在 2015 年 12 月底，宝能成为万科第一大股东时，万科寻求过华润的帮助，但华润当时的资金都用在了收购雪花啤酒上，所以根本无暇顾及万科。

但深铁如果入股万科，就可能成为万科的第一大股东。虽然现在华润在董事会里还占有一席之地，但如果深铁进入，华润可能就会成为改组后的第三大股东，排在深铁、宝能之后。如果成为第三大股东，华润将会失去更多的话语权。

2.“救火队长”傅育宁无法容忍

2014 年 4 月，招商局集团原董事长傅育宁接任华润集团董事长。傅育宁是有能力也有野心的人，他一直将成绩看得非常重要。

当初，宁高宁主政华润 18 年，带领华润成功转型，将它做成万科第一大股东。有这样一个榜样在前，被称为“救火队长”的傅育宁怎会甘于平庸？

可一旦深圳地铁入股万科，那么，华润不但第一大股东的位置不保，甚至连第二大股东都算不上，这是傅育宁绝对无法容忍的。

3. 掌门人之间的关系微妙

无论是宁高宁还是宋林，他们都与王石私交很好，并且一直保持着良好的关系。因此，在担任华润董事长期间，他们可以更多地帮助万科。

但接任位置的傅育宁与王石之间却没有多少交集，甚至在共同出席会议时，他们都很少合照以及交谈。所以，在万科出现危机时，傅育宁当然不会像宁高宁以及宋林那样，第一时间出手相救了。

傅育宁在一次接受媒体采访时，曾公开对万科管理层的某些行为表示强烈不满。这是华润入股万科十多年来，首次公开批评万科。

2016 年 6 月 17 日，万科就引入深圳地铁预案召开第一次董事会会议，华润的代表均投反对票。会议期间，华润与万科在一些事情上还产生了强烈分歧。次日，华润表达了对万科和重组预案的质疑，并再次强调反对万科引入深圳地铁，华润与万科关系正式破裂。华润表示，假如万科不修改重组预案，华润代表将在第二次会议上继续投反对票。华润此时的态度表明，它与万科的关系，已不可能再回到从前那种亲密无间的状态。

“万宝之争”演变成“万华之争”，让王石和傅育宁受到了更多的关注。但其实，万科股权之争最终的结果，还是在于这三方如何谈判。

相关专家分析认为，华润这次公开与万科撕破脸，正表明它与万科之间的关系已发生质的变化。其实华润的目的无非就是两个：第一，要夺回第一大股东的位置；第二，获得万科的实际控制权。

追溯“万华之争”的根源

在这场万科股权争夺战中，原本只是万科和宝能之间的一场战役，但没多久，“万宝之争”因为华润的插足而逐渐演变成“万华之争”。最令人感到意外的是，原本作为万科第一大股东的华润，在万科遭到“野蛮人”入侵的时候，不但没有出手相救，而且还与“入侵者”结盟，共同对付万科。至于为何会在这场战役中扮演这样的角色，华润也给过一些看似很有道理的说法。至于这个说法能不能站住脚，那就得看事情的继续发展了。

2016 年 6 月 17 日，万科召开了一场举世瞩目的董事会，拟以发行股份的方式，吸入深圳地铁作为万科的新股东。但作为大股东华润的三位董事却投了反对票，极力反对深圳地铁加入万科。由此，“万华之争”正式拉开序幕。

据说，华润反对的理由，主要有这样几点：

1. 深圳房地产市场越来越火爆，此时若增加深圳土地储备会有很大风险；

2. 此次投入的项目，实际土地楼面价格会提高很多，不利于项目盈利；

3. 地铁项目都是受政府控制，缺乏一定的自由度，因此会给项目增加难度，从而影响到开发进度以及增加开发成本；

4. 本次项目规模较大，开发周期也较长，会导致短期内难以回收成本，从而致使股东的利益受到巨大损害；

5. 公司其实无须发行大量股票，采用债权融资支付全部交易对价的方式即可。

虽然华润看似给出了充足的理由，但这些理由其实都禁不起推敲。比如，华润所提出来的第一点理由表明，它在企业经营过程中非常注重防范风险，但为什么它还要提出第五点理由——采用债权融资支付全部交易对价的方式即可？难道华润不知道这会导致万科出现更大的财务危机？

虽然很多人都说，华润的想法是，哪怕排在宝能之后做万科的第二大股东，也比排在宝能和深铁之后做万科第三大股东要好得多。但事实真的如此吗？应该未必。毕竟像华润这样的央企，天生就有一种优越感，也特别要面子，无论排在第二位还是第三位，永远都比不上排在第一位。更何况，华润原本就一直占领着第一的位置，所以，降到第二位或是第三位，对它来说都是难以接受的。

也有人说，华润之所以不帮万科渡过难关，是因为它的接班人傅育宁与万科的王石私交并不好，甚至还有些瞧不起王石的“出身”。毕竟王石比傅育宁年长 6 岁，而傅育宁是海归博士，拥有较高的学历和较渊博的学识，属于精英型。相比而言，王石则显得有些小家子气，学历并不高，学识也不够渊博，属于自学成才型。据说，王石之所以有名校情结，就是为了弥补学历上的不足。

而且，两人在经历上也有很大的差距。万科虽然是由国企控股的企业，却并不是完全的国企，更像是国企的“义子”，虽然有名分，却没有血缘上的关系，说白了，就是不够正规。而王石作为万科的创始人，即便一直以来都受到华润这座靠山的赏识，可终究还是不够高大上。傅育宁则不同，不但出身高贵，而且是典型的“体制”中人。英国布鲁内尔大学博士毕业后，傅育宁便回国一路做到招商局集团董事长的位置，宋林出事后，他作为“救火队长”接任华润董事长一职。可以说，傅育宁与王石，一个本身就在“上层社会”，一个是“从底层爬上去的”。更何况这个“底层人士”还非常有个性，根本就不屑去巴结那些“上层人士”。

无论是宁高宁掌权华润时期，还是后来的宋林主持华润大局时，万科与华润都能保持良好的合作关系，即便是在私下，王石也能与他们两个一直保持良好的友谊。一方面，他们之间的差距不是很大；另一方面，他们之间个性相投，有共同话题。于是，在很多商业会议上，王石与宁高宁、宋林都会亲密交谈，也会合影留念，但他与傅育宁之间却很少交谈，也很少留影。

是否是上述这些原因，才导致傅育宁在王石前来求救的时候，以“实在太忙，没空接见”为由拒绝约见，这谁也说不好。事实的真相，只有当事人心里最清楚。

对于王石来说，在求助无望的情况下，他只能寻求外界的帮助。可他万万没想到，好不容易寻来的盟友，却遭到大股东华润的强烈反对。或许到此时他才彻底弄明白，华润的袖手旁观，根本就没有表面上看起来那么简单。甚至可以说，华润反对的不是深铁，也不是万科，而是他王石本人。

王石作为万科这座商业帝国的缔造者，在耳顺之年，却面临着被赶下台的危险，这不可不谓是一种悲哀。

对于王石来说，过去已经无法追忆，把握好现在才最重要。所以，在万科、宝能、华润三方的这场争夺战中，无论期间有多少变化，王石都会尽力保住自己的位置。

但直到万科股权争夺战进入白热化的阶段，人们才惊奇地发现，作为商业界的大佬，王石居然没有多少挚交好友。有人说，这与王石的性格有关，他一直是一个有些自负、高傲、冷淡的人，说话做事也特别直，因此得罪过不少人。

据传，王石一个原来一起做生意的朋友拿下一份批文，由于资金缺乏，就想让王石加入进来一起做，但王石觉得这种业务不适合他，就拒绝了。最后，这个朋友都跪下了，王石还是坚决不做。

PART 05

华润与万科为何会反目成仇?

华润到底在反对什么?

中国商业圈，一直讲究的就是人脉，正所谓“有人好办事”，也不是没道理。但王石却是个另类，他不但不与其他的商业人士私下有过多的往来，而且几乎从不加入商人组织。这样的做法，让他失去了很多朋友，遇难之时，他也自然寻求不到多少帮助。

“万华之争”的根源到底是什么，这一直是个难以解开的谜团。但随着事情的逐步发展，真相一定会有浮出水面的一天。到那个时候，华润也好，万科也罢，它们或许都会对曾经的所作所为唏嘘不已。到时候，王石这个万科股权之争的核心人物，或许会很淡定地说：“在这场战争中，我虽然失去了一些东西，但得到的似乎更多。”

万科与华润能否和好如初？

随着万科股权争夺战的进一步升华，“万宝之争”转变为万科与宝能、华润三方的争夺战。随着事态的发展，三方当事人之间从最初的拒绝交流，到现在展开密切交谈，尤其是万科管理层与华润管理层之间的交流变得越来越频繁。这似乎在向外界释放一种信息，那就是万科和华润这两家昔日盟友之间的关系有所缓和，甚至还有重归于好的可能。

2016 年 7 月 27 日，万科董事会主席王石与华润董事长傅育宁，在华润香港总部单独会面，虽然此次会面的内容并没有向外界公布，但对于双方来说，这却是一次很大的进步。因为从万科股权争夺战开始之后，万科的高层与华润的高层一直都是通过媒体隔空喊话。而且在此之前，尽管王石也去华润求助过，但华润当家人傅育宁总是找各种理由拒绝相见。这次双方能够会面，可谓是一次大的突破。

两位掌门人打破冰层开始商谈，那么接下来的一系列商谈就会变得顺理成章。2016 年 8 月 29 日，傅育宁又会见了万科时任总裁郁亮，双方的谈话内容同样没有对外公布。但这进一步说明，万科与华润这个昔日第一大股东的关系正在逐渐转好。

最令人意外的是，2016 年 8 月 28 日，郁亮在参加易居 16 周年纪念会时，与恒大集团总裁夏海钧亦有交流，而且两个人看起来交谈得还不错。恒大在此前刚成为万科的第三大股东。在如此敏感的时期，郁亮作为万科管理层的代表方，与新入大股东能够友好交流，不再是剑拔弩张，这样的氛围，正是万科管理层与股东之间关系变和谐的信号。

据说，万科管理层一直在积极地与各个股东之间保持沟通，无论是华润还是恒大，都与万科有着正常交流。郁亮与傅育宁的那次会面，与王石和傅育宁的会面有着相同的目的，都是希望通过良好的沟通，使这次事件尽快落下帷幕。这种正常的沟通，在事件最终解决前是非常有必要的。至于沟通的结果如何，就要看双方能否达成共识。不过，双方能够坐下来沟通，并且还进行多次沟通，这绝对是个好的开端。

更何况，郁亮之前虽然跟华润沟通过，但都是在万科董事会上，也只是与华润的三位董事乔世波、陈鹰、魏斌详相谈，从未与傅育宁直接详谈过。这次能够与傅育宁直接见面，可见双方都有坐下来好好谈一谈的想法。

从“万宝之争”演变成“万华之争”，再到各方势力的参与，万科显然成为一个混乱的战场，万科股权之争也从最初的简单化变成复杂化。事情的发展不仅超出围观者的想象，更超出了参与者的预期，因此，在越来越复杂的情况下，万科的股东们不再内战不止，而是站出来寻求一个平息事端的方法，否则，后果就不只是员工集体离职、销售业绩直线下滑那么简单了。显然，股东们不愿再看到有意外发生，因此，各方都迫切需要找到一个有效的解决方案，来平息这场纷争。而和谈是首先要做的，只有和谈之后，双方才知道彼此的想法，也才知道接下来该怎么做。

从华润、宝能、恒大和万科管理层的表现来看，他们都在向外界传递一种信息，那就是万科的股东和管理层之间，正在积极地打好关系，以恢复到从前那种和平的状态。而且，万科股权之争是由谁挑起来的已经不重要了，最重要的是将这件事尽快平息，否则，时间越长，各方的损失将会越大。

至于华润和万科是否还能够和好如初，这还不好定论。毕竟曾经破裂的关系，修复得再好，依然会有裂痕。

经过此次危机，王石如果能够有幸化险为夷，他应该会吃一堑长一智，至少要改变一下自己做事的方式。否则，再有此类事件发生的话，他同样会求助无门。

不过，从一些方面可以看出来，即便万科股权之争圆满结束，万科和华润之间的关系也不可能回到从前。

首先，从人性上来说，双方只要有过争吵，必然会在心里留下一道伤疤。更何况，华润这次的做法，在万科心里留下的还是一道很深的伤疤，让万科对这个昔日的靠山非常失望。

华润之所以在关键时刻不但不力挺万科，而且还站在“入侵者”一边，一方面是因为华润想保住自己在万科的话语权，不想成为排在宝能和深铁之后的第三大股东；另一方面，华润的当家人傅育宁与王石之间的关系有些微妙。正如王石看不起宝能掌门人姚振华是“卖菜出身”那样，傅育宁也看不起王石这个“自学成才”“从底层爬上来”的人。所以，除非万科或者华润有一方换主帅，否则，即便是华润重新登上万科第一大股东的位置，它们之间的关系也不可能回到从前。

但华润也好，万科也罢，换主帅并没有那么简单。因为对于华润来说，傅育宁是“救火队长”，自从他主导华润后，华润的销售业绩呈直线上升的趋势。所以，傅育宁不可能从华润董事长的位置上下来。而作为万科董事长的王石，也不大可能从现有的位置上下来，除非能有一个他看中的人代替他的位置，这个人或许会是郁亮。不过，一旦王石离开万科，郁亮作为他一直器重的下属，可能也不会继续留在万科。同样，万科管理层的其他人士，或许也会集体出走。

而万科之所以能够做到如今这样的成绩，都是靠以王石为代表的管理层的努力，一旦出现管理层集体出走的现象，那么，万科将会陷入尴尬的境地，万科的销售业绩也会下滑。如此，各个股东的利益便会受到损害，这是他们最不愿看见的。所以，王石的出走，除非是自愿，否则他在万科的地位很难被撼动。

因此，王石也好，傅育宁也罢，他们都不会离开自己所处的位置。那么，以他们之间的关系，万科和华润又会好到哪儿去?

其次，从股票持有率上来说。此次万科股权之争发生后，王石之所以会处于如此被动的地位，根源就是他持有的万科股权太少，还不到2%，所以他只能被称为万科的“大管家”，而不是“房主”，且随时都有被踢出家门的危险。经过此次事件，王石应该会留个心眼，为自己争取更多的万科股权，如此，他就不用担心类似事件再次发生了。

同样，作为大股东的华润，因为第一大股东的位置曾经被撬动过，会千方百计地想办法继续增持万科的股份，以增加自己的实力。如此一来，华润也好，王石也罢，甚至是其他一些股东，都会为增持万科的股份而相互竞争。在这样的状况下，万科和华润之间又会产生一些不可调和的新矛盾，自然是无法和好如初。

最后，从事情的发展态势来说，二者也不可能和好如初。万科股权之争从2015年宝能第一次举牌万科开始，虽然期间华润也增加过对万科的入股资金，不过资金数额很小，而且只进行了一次。但华润曾借钱给宝能助其举牌万科，虽然后来华润对此有所否认，却无法给出有说服力的理由。并且，在王石等人登门求助的时候，傅育宁还屡次拒绝，最后导致王石不得不寻求外援。好不容易寻求到深铁这个外援，却遭到华润的强烈反对。也就是说，在整个事态的发展过程中，华润一直都在扮演着“破坏者”的角色。对于这样一个破坏者，即便之后事态平息了，万科这个“受害者”依然会耿耿于怀。

而且万科也会担心，如果再有第二个，或者第三个像宝能这样的“野蛮人”入侵，华润这个大股东是否还会做出之前的举动。所以说，华润和万科之间和好如初几乎没有可能。

关于万科与华润股权之争的反思

2016年6月7日，万科发表了一项关于股份资产重组的公告，该公告称，万科已经通过了向深圳地铁发行股票的决定。实际上，在关于这次决定的董事会上，有3名来自华润的董事会成员并不同意该决定，并一致投出了反对票。不久，华润方就提出异议，认为股份资产重组方案无效，该方案并未通过所有股东的同意。因为这次事件，万科管理层和华润的矛盾就此公开。

作为万科首屈一指的大股东，华润为何会反对这次资产重组呢？实际上，华润这样做，归根结底还是因为利益问题。如果万科增发股票给深圳地铁，股票的平均价格就会下跌。另外，深圳地铁所征用的土地价格较高，很容易影响万科的盈利状况，作为万科股东的华润，当然不会让自己在收入上吃亏，毕竟华润是地地道道的央企，必须对国有资产履行责任和义务。因此，华润反对万科增发股票给深圳地铁，并不仅仅是想独占万科。

我们知道，万科管理层千方百计地想引入深圳地铁当股东，其目的是通过股权稀释，让宝能在万科的股权地位受到多元股权结构的制衡，从而彻底毁灭宝能对万科的收购计划。在资本市场中，对于外部企业的恶意收购，原企业管理层进行阻碍和反击是很正常的事情。但是，十几年来一直支持万科的华润突然倒戈宝能，并试图阻止万科管理层的反收购计划，这才是最令资本界吃惊的地方。无疑，从利益的角度来看，华润已经完全和宝能形成了统一战线，阻止深圳地铁入股万科就是最好的证明。

由此，万科与宝能的股权之争正式演变成万科、宝能、华润三方企业的股权之争。“覆巢之下焉有完卵。”三者相争必有胜败，面对华润和宝能的强强联手，万科“性命”堪忧。事实上，因股权争夺而引发的企业衰退事件并不是少数。2013 年 9 月，上海家化公司也迎来了历史性的一幕，在股权之争中，该企业董事长葛文耀不得不辞去自身职务，交出家化公司的领导权。然而，家化公司的总经理王茁却在此次事件中得以幸免，不过半年后，王茁等一批中高层管理人仍然逃不过被新的掌权者清除出局的命运。

以此为鉴，在万科的股权之争中，万科总裁郁亮的未来又当如何呢？事实上，万科与华润的管理层之所以会产生如此大的分歧，是因为他们都想控制万科的股权，从而领导和治理万科。股权之争无非是利益关系，华润的目的在于成为万科的第一大股东，使万科成为自己旗下的子公司，自己成为万科的真正领导者。但是，这样明显会遭到万科原管理层的反对，而且会彻底改变万科原有的企业文化。而万科的管理层却想通过多元化的股权结构，使董事会各股东的权力相互制衡，从而达到维护万科企业文化的目的。这样一来，万科与华润的矛盾就显得十分难以调和。如果双方在股权结构上都不让步，那么，万科和华润的管理团队就很难达成共识，更不会实现共赢。

对于王石、郁亮等万科的管理层来说，坚持反击宝能对万科的并购，并不仅仅是为了保住自己的位置和高额年薪。实际上，和王石、郁亮等人拥有相同境遇的大有人在，但他们之中大多都能在辞职创业后获得更好的发展。由此看来，经济利益并不是王石、郁亮等人反对收购的原因，真正的原因是他们不想看到自己一手建立的万科走上一条与初衷完全不同的路，或者说，他们不愿看到自己辛辛苦苦打造的万科文化毁于一旦。从这个角度来看，收购就成了一个让万科走向平庸的不幸事件。华润和宝能都想从收购万科中获益，但最终结果却很难让任何一方满意。这样的股权争夺事件，将会成为毁灭一个标杆上市公司的恶性事件。

以目前的形势来看，万科的悲剧可以预见，且很难被逆转。股权之争愈演愈烈，对万科来说，这已经是无法控制的事情。然而，如果这一事件真存在转机，唯一的转机就是华润。股权多元化是我国国有企业改革的方向，而万科是我国现代股权多元化企业中的标杆，华润希望通过收购股权来获得万科的控制权，显然与该方向背道而驰。华润是央企，受国资委控制。假设王石等人能接触到国资委的负责人，并能向其说明这次收购事件的利害关系，从而得到国资委的帮助，那么在国资委的调解下，华润就有可能妥协，放弃收购万科股权的计划。如果作为万科大股东的华润能够做到这一点，两者就有可能为了共同的利益达成共识，并与深圳市政府沟通，为万科引入深圳地铁项目进行资产重组，这样一来，深圳地铁就能成为万科的新股东。在新的资产结构下，万科的股权就能得到相应调整，调整后的万科股权结构也将变得更加多元，进而万科就能维护自身的企业文化。

总体来说，华润与万科反目还是因为利益。万科管理层用尽浑身解数，不惜以增发股权的方式引入深圳地铁，为的是阻止宝能的"恶意"收购，或者说是维护自身对万科的领导权，保证万科的企业文化不被外来企业所改变。而华润为了自身利益不受侵害，与宝能站在了统一战线，反对万科以增发股票给深圳地铁的方式进行资产重组，其最终目的是通过宝能来控制万科。过去十几年来，华润对万科的管理所采取的态度都是友好且不干预的，但是，随着竞争的日益激烈，以及作为国企增值保值的压力日益突出，华润已经不会再像以前那样任由万科管理层自由控制万科。因此，在这样的形势下，华润与万科产生激烈的冲突和矛盾就显得不足为奇。面对这场持久的股权之争，万科管理层要想寻求突破点，还需放低姿态，与华润进行和解。

碎石

万科股权之争
深度解析

vanke

PART 06

谁会向王石伸出“潘多拉之手”？
465亿的豪赌与激情

宝能和华润的“潘多拉之手”已经瞄准了王石，控制万科董事会，为万科管理层实行大换血已经成为宝能和华润现阶段的目标。王石的地位岌岌可危，万科是时候寻找新的盟友伙伴了。而华润的“背叛”，也使得王石对于“盟友”的选择标准变得万分谨慎起来。对外，王石需要顶住“宝能系”的强势增持，对内，还要奔走于大小股东之间稳定人心。这些使得王石寻求“外援”的工作变得愈发复杂。

联姻深铁的曲线救国策略眼看就要破灭，而这却是来自“自家人”的冷水。面对屡遭重创的万科集团，谁将会在关键时刻伸出援手，成为王石的“白衣骑士”？王石从未放弃“白衣骑士”的追寻之路，但这条路注定充满坎坷。

深铁助攻面临失败，万科决定亮出“第二张底牌”。这是王石的绝地反击，还是万科管理层的预留退路？看利益驱使下的股权纷争，如何在敌友之间探寻救赎。

王石选择“盟友”的标准是什么？

随着万宝之争的持续白热化，华润也与万科彻底摊牌。而此时，一封举报信将这场股权争夺战推向了又一个高潮。

举报信由万科刘元生实名发出，信件投至中国证监会等七部委。刘元生在万科被称作“扫地神僧”，作为万科的第一大自然人股东，自1988年持股万科以来，他所持股票向来只买不卖。截至2015年第二季度末，刘元生手中股比占总股比的1.21%，持股量也已至1.34亿股。刘元生的股票回报率已经达到了749倍。在万科的股权之争中，刘元生素来支持王石，王石也视其为重要筹码。此次发出公开举报信，实质上是对王石的助攻。

举报信指责宝能、华润存有“地下交易”，有“一致行动人”之嫌。二者之所以层层逼近，目标直冲万科第一大股东宝座，定然事先有所“沟通”。而面对刘元生的指控，宝能、华润也发文回应，称其“恶意中伤，纯属造谣”。局面开始相持不下，双方在各揭内幕的同时，专家“查漏”“背书”的举动也轮番上演。至此，万科股权之争迎来了又一个高潮。

面对纷乱的局面，王石意识到万科的支撑能力正在一点一点被迫抽离，这令他忧心不已。冷静下来的王石把目光投向了万科之外的力量，万科在“自救”的同时，还需要寻找得力的“外援”。但是，寻找外援就意味着利用另一方势力去对抗如今的压力，这终归带有一定的风险。若是通过外援达到了目的，抵制住了压力，那么事后的股权分配应当如何运作？万科第一大股东的位置是否会交给这个外援？这大有“拆了东墙补西墙”的意味。再者，寻求外援也就与对方形成了盟友，盟友的关系到底可不可靠？昔日亲密如华润，也能够瞬间翻脸不认人，这位盟友若是最终倒向万科的对立面，那王石岂不是养虎为患？

所以，选择盟友的标准尤为关键。在“万宝之争”中，第一回合是“宝能系”借助金融杠杆完胜万科，坐到了万科第一大股东的位子，“宝能系”却因此被王石扣上了“野蛮人”的帽子。如今的“股权大战”已经进入第二回合，王石能否通过外援力量扳回一局，则取决于他选择盟友的标准。最终，王石的目光落在了深圳地铁上。

研究王石选择深圳地铁的原因，我们可以大致得出王石选择盟友的标准，由于原因各异，我们选用排除法分析：

首先是企业的整体实力。在实力方面，深圳地铁并不占据优势。虽然深铁是国企，但与华润这等实力雄厚的央企相比，还是存在差距的。即便是一些发达省份的地方国企，资产超过 2000 亿的也不在少数。所以，王石选择深铁绝不是因为实力。

其次是优质资产的引入。地铁行业的优质资产，指的是地铁用地。这种不动资产算不上战略资产，它不具备持续造血发展的能力。深圳地铁的条件非常适合成为中型地产上市公司的重量级股东，但对于万科这个全球最大的住宅开发商并没有太大意义。所以，王石看重的也不是深圳地铁的资产性质。

最后是深圳地铁“轨道 + 物业”的经营模式。深圳地铁有着良好的营销服务，特别是售后，其广泛的“物业”内容，更是万科这类地产行业所需要的。但是，需要说明的是，深圳地铁是区域性的国有企业，其业务内容也仅限于深圳范围，因为每一个省会或副省级城市都会有自己的地铁公司。但万科做的却是全国性的业务，这一点，深圳地铁帮不上忙。由此看来，王石也没有指望深圳地铁能够在物业上助益万科。

排除这些因素，王石选择深圳地铁的原因似乎也就只剩下他的利益诉求了。想要探寻王石选择盟友的标准，也只能从他想要的东西上着手。盟友是建立在利益的基础之上的，选择盟友自然要按照对自己有利的标准进行。

一直以来，王石都在为万科抵御“入侵者”，这些“入侵者”一度想要获得万科更多的股权，进而控制万科，这却是王石最忌讳的。所以，在利益诉求层面，王石真正想要的盟友标准是保证自己能够掌握对万科的控制权。争抢控制权，这便是王石的最终目的，这个诉求无可厚非，毕竟万科是王石一手创办起来的。

对于王石选择盟友的利益诉求，我们可以具体到以下几个方面。

1. 选用具有国资背景的企业

具有国资背景的企业，企业在名义上是全民所有，所以一般会形成“所有人缺位”的情况。因此对所控股企业一般都不会过问太多，很少会介入所控股企业的经营管理中。而在一些民资或是外资企业当中，不管是财务投资者还是产业投资者，都会介入企业的经营管理，干涉企业的运营业务。而这些是王石最不希望看到的。

在王石眼里，企业的第一大股东不应该过问企业的运营情况。这一点，阿里巴巴最为典型，作为阿里巴巴最大股东的软银集团，几乎从未介入阿里巴巴管理层的决策，也从不轻易过问阿里集团的运营状况。王石一直希望万科的第一大股东，也能像软银对阿里那样对待万科。

2. 拒绝绝对控股，希望相对控股

万科内部章程规定，董事会商讨企业的重大决策时，需有超过 66.67% 的董事投票表决才能通过。所以，要想保证万科管理层对万科的控制，盟友即便是国企，也不能绝对控股，并且控股比例要控制在 23% 以内。深圳地铁表示，入主万科参股但不绝对控股，持股比例将控制在 20.65% 左右。这样一来，即便深圳地铁成为万科的第一大股东，它也不会拥有“一票否决”的权力。不过，在进行企业决策时，即便股份的比例并不完全等同于投票权，但这仍然是一个需要规避的风险。

3. 盟友的主营业务不能是房地产

纵观整个房地产行业，民资企业正在逐渐缩水，“国进民退”的局面仍在持续，主营房地产业务的国企正在高速扩张。2016 年 6 月以来，“央企地王”就是一个典型的例子。“地王”争夺战使得房价再创新高，这样的结果半数是拜国企所赐。

王石决定联合国企，倘若盟友的主营业务是房地产，那么万科的控制权也会被其强势握在手心。王石不会允许“第二个宝能”出现。

这样看来，深圳地铁作为以地铁为主营业务的国有企业，自然是最为合适的结盟对象。而除了以上三个万科自身的因素，深圳地铁所具备的一项条件也是王石考虑在内的——深圳地铁位于万科总部所在地，这更加有利于王石对万科以及对深圳地铁的掌控。

在这场“万宝大战”中，呈现在我们面前的主要参与者是万科与“宝能系”，但一直活跃在战场的上另一个焦点却是王石。在王石创立万科伊始，似乎就注定了会出现一场“股权之争”，不管对方是不是宝能。而之所以会出现“股权之争”，却是因为王石在“情怀”推动下的身份定位——不持股，只以创始人、管理者的身份“看着”万科成长，这就形成了管理者与所有者的分离。王石希望万科在自己手中与自己并肩而行，因此无法接受万科落入他人之手。但在管理者与所有者的身份上，王石从来都只是前者。

在这个资产第一、股权最硬的商海中，王石在“万科江山”中的身份只能说是“贤相”，而绝非“君王”。身为丞相却有君王之心，难免会撼动江山。

但王石作为一位真正为“万科江山”着想的贤相，在“入侵者”横行的情况下，仍然竭力在抵抗中寻求“平衡政治”，力求一种相对的安稳。既然成不了君王，那就扶持一位“虚君”，一位利于自己掌控“万科江山”的“虚君”。

因此，对于王石选择深圳地铁的标准，我们所能看到的，不应该只是财务方面的控制权的争夺，而应跳出万科的股权之争，去展望整个中国特色政治经济下的全景商战。

谁是万科与王石长期的盟友与伙伴？

万科宣布引入深圳地铁，之后又相继在联交所和深交所发布公告，称万科将以发行股票的方式购进深铁集团旗下前海国际 100% 的股权，初步交易价格 456 亿元。这就意味着深铁将会持有万科 A 股 28.72 亿股的股份，倘若交易达成，深铁将超越宝能成为万科的第一大股东。

联姻深铁是万科实现“曲线救国”的重大举措，王石也一度把深铁看作万科长期的盟友与合作伙伴。再看深铁的立场，这场白热化的商战原与深铁无关，深铁缘何会来蹚这趟浑水，把自己置于“股权纷争”的风口浪尖呢？

对于深铁来说，“轨道 + 物业”的经营模式刚刚步入“铂金时代”，现在正是需要加快脚步借力发展的大好时机。而房地产行业的发展已经进入“白银时代”，此时入主万科，深铁将推进我国轨道交通的迅猛发展，成为公私合营模式（PPP）即政府与社会主体建立起“利益共享、风险共担”的合作关系的标杆典范，从而达到减轻政府财政负担、降低社会主体投资风险的目的。“轨道 + 物流”模式具有高度的可复制性，在进一步的发展中，有望推向更多的城市，进而普及全国，走向世界。

深铁在对外投资的同时，也在大刀阔斧地发展主营业务。董事长林德茂指出，深圳地铁正在计划开通运营 11 条新线路，并在 2020 年实现竣工，总里程为 435 公里。不仅如此，深圳地铁也会在 11 条线路的基础上继续开发，预计到2035年，线路将由11条增至25条，总里程可达1000公里。

据国泰君安分析，从深铁的四期轨网工程看，深铁有着400万平方千米以上的可开发物业面积。倘若深铁与万科合作，那么获取地铁上盖物业的资源，深铁可谓是近水楼台。面对“地王”频现的房地产大环境，土地资源变得愈发匮乏，若能够突破这一瓶颈，将是深铁实现逆向发展、在冲击当中立于不败之地的根本保障。与此同时，国家在房地产的建设中，势必会提升深圳区域的比重，伴随着土地储备的不断优化，深铁未来的发展和利润率的增长也将相当可观。

招商证券指出，深铁入主万科，绝非是一场简单的投资活动，实际上双方存在着相当大的合作潜力。深铁一直秉承香港地铁的运营模式，实质上已经成为深圳区域的“隐形地王”。在深铁四期工程的轨交建设和物业开发活动中，万科表示将以“市场规则和创新合作”的模式进行参与。

2016年6月12日，重庆交投和东莞实业表示将携手万科、深铁，构成“深莞惠”一体化的合作格局。同时，中轨集团也与万科、深铁达成了合作意向，这为深铁进一步的全国化进程打下了基础。

万科的发展优势在于品牌的影响力和产业开发的力度，而深圳地铁自知自身的核心发展优势在于土地和资金，若是牵手万科，就等于实现了强强联合。这样一来，优质土地资源最大程度上实现变现也就成为可能。随着城镇化的不断发展，中国城镇化的下半场正在向大都市圈靠拢，而串联大都市圈的“血脉”则是交通轨道；深铁携手房地产行业的龙头企业，有助于跻身城镇化下半场的制高点。

所以说，深圳地铁这趟浑水蹚得值，入主万科对于双方的发展都是有利无害。那这是不是就说明深圳地铁将成为万科与王石的长期盟友与伙伴呢？对此，万科极力想要促成交易，但是万科董事会审议重组方案的搁置调停，却令万科联姻深铁遭遇了重重阻力。

宝能强势反对深铁入主万科，华润顺势跟进投票反对，接踵而至的反对浪潮导致重组预案披露两月有余，仍无任何进展。俗话说“攘外必先安内”，在万科外部“四面楚歌”的情况下，万科内部却也开始出现“动荡”局面。万科董事长秘书朱旭表示，万科股权之争居高不下，使得公司的正常运营受到了严重影响，具体表现在：获取新的土地项目业务开始遭受阻力。时至2016年8月，因股权纷争问题而要求变更条款、延缓推进，以及终止合作的项目已经达到31个；万科客户、合作伙伴，以及一些中小股东对万科的信心正在与日俱减，不少合作伙伴要求万科缩短分期付款周期；而银行为规避风险，也提高了万科的信贷条件，并且提出压缩万科的信用额度。这些情况间接影响了公司的业务拓展及人员稳定，2016年6月至7月以来，员工离职人数已达2015年的全年总和。

朱旭进一步说明，股权纷争将会使万科在接下来的经济和市场大环境中面临更加复杂的情况，后续经营也会面临巨大挑战，万科未来的工作重心开始向稳定企业人员、控制企业风险，以及实现可持续发展的方向转移。而在万科管理层与各大股东进行协商的背景下，稳定企业人员似乎已经成为万科接下来的核心要务。

而纵观万科如今的发展状况，不仅是普通员工，就连万科的高层管理人员都对万科渐失信心，有部分高管在万科停牌之前清仓股票。对此，万科发文称，万科的大部分高层管理人员手中的股票正在不断增持，当然也有部分卖掉股票变现的行为。万科表示：“在合规的情况下，个人持有的股票属于个人财产，个人有处置的权利。”

为给接下来的重组股东大会做好铺垫，抵抗各方大股东的合纵连横，万科多次召集会议与小股东恳谈，意在争取绝大部分小股东支持，引进深铁实现重组预案。

如今的万科，外有“宝能系”强势增持，内有员工高管大起“隐退”之心，可谓是腹背受敌。这些冷水浇下来，深圳地铁的长期盟友伙伴身份顿时变得遥遥无期。那么，谁又能够成为万科与王石的长期盟友呢？

自 2015 年开始，王石亲赴深圳密会万科“潜在盟友”，一直在为“万宝之争”殚精竭虑。在一天之内，王石曾辗转于香港与深圳之间，在各项会议上来回“巡演”拜票。

通过拜会各路基金，万科收获了博时、宝盈、鹏华等持有万科 A 流通股的“潜在盟友”。但这些并没有从真正意义上解救万科，万科与这些盟友的关系要么异常短暂，要么终归解散，无法形成一个真正意义上的同盟。

墙倒众人推，万科越是孤立无援，就越难以找寻可靠的盟友伙伴。万科正在面临更大的危机，而这一切又源起何处呢？

万科的纸牌屋：昔日盟友何以分歧至此？

时至2016年8月，万科深铁重组方案仍旧未能达成共识。要想达成目的，万科尚需面临两大考验：一方面，万科预计在召开第二次董事会审议，并计划得出正式的重组方案；另一方面，最终决定是否进行重组的关键落在了9月份计划召开的临时股东大会上。

而早在2016年6月17日，万科董事会就对引入深铁的重组预案进行了投票表决，然而投票的结果却出现了戏剧性的一幕：参与投票的董事会一共有11人，华润代表有3人，在剩下的8人当中，7名董事会投了赞成票，其中一人回避表决，而华润的3名董事则全部持反对票。华润认为，投票比例7∶11，未达到66.7%，所以该预案不具备法律效应。但万科表示，回避表决并不是弃权，不能计入分母，所以参与投票的董事人数变为10人，7∶10达到了66.7%，因此通过预案。双方各执一词，最后形成了“尚未达成共识”的结果。万科在忧心结果之余，也在诧异华润因何强烈反对？

这道算术题，让原本进行得如火如荼的“万宝之争”演变成了“万华之争”，重组方案也被迫搁置下来。为了推进方案重组成功实施，万科管理层积极与各大小股东进行商议，以争取获得更多的支持选票，而实际情况却不容乐观。为何宝能、华润，甚至持股万科的散户们都在一致反对深铁入主万科？

网络上一段非常形象的话道出了其中复杂的玄机：

PART 06

谁会向王石伸出“潘多拉之手”？

465 亿的豪赌与激情

万科是王石盖的一所大房子，房子分为主卧、次卧和小书房。一开始，房子的主卧被华润买走，进而也就成为万科的第一大股东，一些持股万科的散户们出钱把房子的次卧买走，王石则住进了那间小书房当起了“房东”，也就是万科的管理层。后来，宝能把散户们的资产买下，获得了次卧的居住权。而王石并不欢迎宝能的到来，表示“野蛮人”不可以在万科这所房子中指手画脚。但是宝能却拿出股票在王石面前炫耀，声称自己花了钱就有权住进来，没有钱的王石没有资格与宝能叫板。王石没有办法，就想在房子的上层再盖一层，然后卖给深铁，从而让深铁成为万科的第一大股东。没想到这个行为却遭到了华润的反对，华润表示，没有经过我这个大股东的同意，不可以在房子上面盖“违章建筑”。宝能也借势表态，称王石违反商业规则，应停止行动。而广大散户们也开始频发抱怨，王石这是要压缩我们小散户的空间啊！

各方争吵得不可开交，各种纷乱局面轮番上演。万科、华润这两个昔日盟友反目成仇，“野蛮人”宝能乘虚而入，王石孤立无援。

正所谓“敌人的敌人就是朋友”，既然华润已经公开与万科为敌，而宝能又正在与万科对抗，所以华润与宝能的联合也就是迟早的事情了。在2015 年年末，宝能显露控股野心，万科为自保而宣布停牌以拖延收购时间。但 2015 年 12 月 18 日的统计数据显示，宝能持有万科股份达到了 24.29%，华润持比也达 15.29%，安邦保险占有 6.18%，相比之下，万科管理层控股只有 4.14%，王石的铁杆支持者刘元生持股 1.21%。这样看来，倘若宝能与华润联手，双方股比可达 39.58%，即便剩下的股份全部支持万科，也不过是60.42%。所以，宝能与华润完全有权力推翻任何重大议案。

2016 年 6 月 26 日，万科 A 发布公告，称宝能旗下钜盛华及前海人寿作为合计持股 10% 以上的股东，提请万科董事会召集本年第二次临时股东大会，然而，股东大会的审议议案则是罢免包括万科董事长王石以及万科总裁郁亮在内的数十名董事会及管理层成员的职务。此消息一出，商界一片骇然，在关注事态发展之余，大家纷纷表示宝能这招够狠。

宝能强势入侵，华润冷漠反对，小股东们隔岸观火，万科管理层本身时日无多，万科的利益共同体开始各自为营，而原本一条战线上的合作伙伴如今也到了剑拔弩张的地步，其中的缘由耐人寻味。

1. 宝能的理由：维护股东的利益

宝能之所以竭力反对万科引进深铁进行企业重组，一方面是因为万科压低价格将股票转移给深铁，违反了股票交易价格的公平性，损害了广大股东的权益。另一方面，万科重组议案中存在不少反对投票，而万科管理层对此却不管不顾。对于独立董事回避的合法性也未给出合理的审查结果，置广大股东的利益于不顾。

再者，万科董事长王石在 2011 年至 2014 年期间长期脱离工作岗位，却在没有经过股东大会批准的情况下仍获得 5000 余万元报酬，王石对此欠广大股东一个解释；还有，万科联姻深铁的重组预案事件牵连太多，进一步影响了整个资本市场的稳定，万科股东因此备受困扰；最后，从 2008 年万科宣布无实际控制人开始，万科就已经偏离了上市公司规范运作的要求，万科管理层控制董事会、监事会，越过公司股东大会自行其是。

在宝能众多理由的背后，充斥着对王石的不满。此次重组必将稀释所有股东手中的股份比例，给股东带来大幅度损失。事关资产收益，宝能不可能让步。

2. 华润的心结：持股比例在不知情的状态下被被动稀释

2016 年 3 月 12 日，万科与深铁公开签署 400 亿 ~ 600 亿元战略合作备忘录。但是华润表示，万科意欲引进深铁、进行企业重组的意向事先并没有经过董事会讨论，因此华润此前对此并不知情。如此大的动作，却不知会第二大股东，万科此次的“秘密”行动令华润深感诧异，双方的盟友关系就此出现裂痕。

万科的重组预案显示，引入深圳地铁将为万科带来两项发展项目，项目总价456.13亿元，分别位于深圳前海和深圳香蜜湖片区。万科决定以发行28.7亿新股的方式进行购买，每股票价为15.88元。这样一来，深圳地铁就会超过“宝能系”，以持股比例为20.65%的身份成为万科第一大股东；宝能系由原来的24.26%降为19.27%；而相应地华润的持股比例则由15.24%下降到12.1%。手中的股权比例被被动稀释，这令华润感到很不平衡。

华润的董事就万科重组提出如下看法：引入深铁项目浩大，这就意味着企业运营的开发周期以及运转资金的回收期相对较长，以致短期内获得收益无望。也就是说，各大股东被稀释掉的股份短期内将无法填补空缺，而且这样的状况将从2016年持续到2018年。不仅是华润，想必各大股东都不会乐意接受。

万科要进行重组，引入深铁本没有过错，但不一定非要通过发行股份的方式，比如采用现金、债券或者融资等方式都可以达到目的。

华润方面还指出，在重组预案中，3名董事投出反对票，并且在议案没有经过董事会投票通过的情况下，万科便公开发文公布议案结果，这实在有违常理。即便万科单方面认为是7∶10通过，那也应该在知会所有董事、征得董事同意之后，才能对外公布消息。万科此番未通报所有董事的做法并不能够获得独立的法律意见，而全体董事在公告发布之前，对公告的内容一无所知，这严重损害了董事成员的权利及董事会的尊严。

考虑到以上原因，华润表示希望万科重视重组预案中存在的问题，否则，在万科接下来的董事会及股东大会的重组议案表决上，华润依然会投出反对票，以此来维护广大股东的利益。

3. 小股东们的心态：万科根本看不到普通投资者的利益

不论是万科，还是其他企业，其散户持股者大都存在一个共性——对参加股东大会的兴趣不大，哪怕是参与网上投票。散户们对企业内部的发展并没有多大兴趣，他们所关注的无非就是股票的价格，以及自己所能获得的收益，所以，他们一般只关注企业的整体走向。在过去5年多的时间里，万科A股长时间围绕9～10元的低价轴心摇摆，走势的萎靡状况使得小股东们怨声四起。

王石、郁亮作为万科的董事长和总裁，虽然对万科有很大贡献，但二人的生活却感觉总是与“工作”不沾边，王石在媒体中的形象多是留学、爬山、谈恋爱，而郁亮则在跑马拉松。万科的高层也多次出现“集团副总级别”的高管离职现象。对此，小股东们很容易产生这样的想法：你们的人生越来越充实，生活越来越圆满，但是谁又会为我们的投资负责？

直到宝能叫板万科，在股权之争的冲击下，万科的股价骤然翻倍，这不禁令小股东们欣喜若狂。在小股东眼里，他们没有理由手持万科的股票过一辈子，自己完全可以择良木而栖，因为获得收益才是当初进行投资的目的。因此，宝能无形当中就成了这些小股东的救世主，而支持万科的小股东也就少之又少了。

小股东们的投资金额有限，比起长远收益，他们更加看重短期收益，所以相对一些大股东来说，他们会更加不理智。

4. 万科的疏漏：企业重大信息缺乏透明度

万科的独立执行董事华生曾经指出，每当参加董事会议，他都会收到一些非常重大的信息，而当他得知这些信息的时候，很多都已经是处于表决阶段了。也就是说，方案早就提出来了，只是没有进行披露。但是很多重大信息并非企业机密，也不是不可发布，就连他这位执行董事都无法事先得知，更不用说广大股东了。或许，万科首先应当改进的是信息披露制度。

纵观万科的各类股东，实际上能够为、愿意为万科的未来负责的似乎只有万科管理层。倘若宝能与华润联手，加上小股东隔岸观火的心理，万科的管理团队很容易被踢出局。说到底，这都是一场利益的角逐，各路盟友伙伴均已撕破脸皮走向了对立面，这一场“纸牌屋”的剧情又将如何收场？

能拯救王石的“白衣骑士”都有谁?

万科联姻深铁实现重组的议案即将被扼死在摇篮，王石的处境已经岌岌可危。自 2015 年开始，“宝能系”就在为控股万科积蓄力量。通过宝能旗下的公司钜盛华和前海人寿的持续增持，“宝能系”手中持有的万科股权也在不断增长，并一举坐上了万科第一大股东的宝座。万科股权的纷争持续到 2016 年 8 月，主角一直是万科、宝能和华润。王石曾经想过“曲线救国”，再度引进一方力量进行权力制衡，眼看深铁即将助益成功，奈何对立面太过强势，助攻计划不容乐观。

自“宝能系”不断增持万科股份，王石便开始了“曲线救国”的紧急部署，并且意识到此时万科最可行的反收购措施便是“白衣骑士”计划——引进另一方势力出资参与股权争夺，使其持有高于宝能的股权比例；或者是通过竞价的方式，变相抬高宝能的收购标准，使宝能知难而退。但万科在“宝能系”的巨大压力下，寻找“白衣骑士”绝非易事。那么，谁又有可能成为万科的“白衣骑士”呢?

1. 遍地撒网：王石的“股海”战术

“宝能系”持续增持，华润迅速跟进。而面对华润这个已经分不清敌友的“昔日盟友”，万科却选择向华润定向增发股份，意在用华润第二大股东的身份去压制第一大股东宝能。但是这项举措实施起来却存在一定难度，华润作为国企，其决策传递的链条较长，整个反应过程相对缓慢。

与此同时，万科决定求助央企，并打算向三家央企增发股份。王石有意拉拢中粮集团支持万科管理层，但中粮集团董事长宁高宁出面回应称并未参与万科的股份增发。

增发计划实施起来并不容易，新增发的股数拟定为 14.87 亿股，这就说明，在资金的准备上，至少需要 244.26 亿元。除了资金难题，对于增发计划，万科还需面临另一道难关——通过股东大会的投票。增发预案需交由董事会表决，通过后再经由股东大会投票表决，股东大会通过后，才可以真正付诸实施。虽然宝能并未获得万科的董事席位，却在股东大会上享有表决权。所以，万科必须取得手持 45% 的万科股份的散户支持。但是低廉的增发方案，将在一定程度上拉低万科的股价，这显然不是散户们所乐见的。

王石同时也把目光投向了公募基金及投资银行，并且先后登门拜访。万科资产重组的议案获得了国资委的初步支持。

2. 安邦保险：具有决定性作用的"第三者"

在"万宝之争"进行得如火如荼的同时，安邦保险也突袭举牌，于 2015 年 12 月 16 日万科停牌的前两天大举增持万科 1.28 亿股，持股比例已达 6.18%。

安邦保险"雷厉风行"的大肆举牌，在金融市场掀起了第二个"万科战场"。这股强势力量同时被万科与宝能看在了眼里，双方都起了拉拢之心。

从各方持有的股权比例来看，宝能持有 23.52%，万科管理层的盈安合伙、华润、刘元生、万科工会委员会合计持股 21.1%，而安邦持有 6.18%。倘若安邦站在万科一边，万科管理层便可以压倒宝能，稳握万科控制权；若是安邦倒向宝能，那王石就必须寻找另一个"白衣骑士"，这位白衣骑士需要出资买下万科 10% 的股份，这样万科才可以与当下的宝能抗衡。

而此时市场却传出消息，声称安邦保险已受“宝能系”拉拢，并与之成为一致行动人，拉拢的条件是宝能会为安邦保险争取一个万科的董事席位。但是消息的准确度却一度遭受质疑，而所谓的合伙条件也没有说服力，原因在于，万科董事会及监事会成员的选举采用的是累积投票制，以安邦保险如今的持股比例来看，若是把所有的选票都投给己方代表，当选并不困难。这样看来，安邦保险并没有迎合“宝能系”的必要。

对于安邦保险的突袭举牌，万科始料未及，倘若安邦保险与宝能联手，那么双方合起来将近 30% 的持股比例对万科管理层来讲是非常危险的。安邦保险是敌是友令王石忧心不已，但是安邦保险表示自己与“宝能系”并非一致行动人，并且每次增持股份都会与万科详细沟通，声称自己只是财务投资者。

2015 年 12 月 23 日深夜，万科、安邦纷纷发文表明立场，安邦有望成为万科盟友。万科发文声称，欢迎安邦保险集团成为万科重要股东，希望双方就增持事宜进行进一步的洽谈。随后，安邦官网也发出声明，表示支持万科发展的立场，并且看好万科作为全球房地产龙头企业的发展前景，希望万科管理层保持人员的稳定，延续万科固有的经营风格。

安邦的立场使万科松了一口气，这位万科的“白衣骑士”在一定程度上延缓了“宝能系”对万科的攻势。

3.“毒丸计划”：能否成为万科反收购的后发力量

所谓“毒丸计划”，其核心是削弱收购方的能量和行动速度，即向收购方以外的其他股东发行认股权，当收购行动触发时，这些拥有认股权的股东可以在低价的基础上获得部分股份，以此来达到稀释收购方股东股权的目的。

针对宝能的收购，“毒丸计划”似乎是一个不错的反收购方案，但是这项计划在中国实行起来却并不容易。中国《公司法》明确规定，经过股东大会的批准及证监会的核准，企业才能够发行认股权证。这在收购活动发生之前或许可行，但如今的宝能已经是万科的第一大股东，且不说“毒丸计划”能否通过股东大会，即便是通过了，宝能作为现有股东也可以获得认股权证。而那个时候，“毒丸计划”也就失去了意义。

4. 万科章程：被动局面缘起大意卸掉御敌护盾

常言道：求人不如求己。在万科苦苦寻找“白衣骑士”的同时，似乎忘记了停下来看看自己，或许万科本身就是可以拯救自己的“白衣骑士”。同样的想法王石一定考虑到了。那么，业务遍及全国、名气驰骋世界的万科因何无法自救呢？

首先，若是万科打算自救，就需要万科管理层拿出将近 300 亿的资金拿下万科 10% 的股权，从而把万科的控股权掌握在手中，以此来对抗宝能。但是目前的问题是，万科管理层能否拿得出这笔资金？

其次，宝能与华润意在罢免包括王石、郁亮在内的数十名万科管理层人员。在反收购事件中，万科完全可以在董事选任上设置障碍，例如在万科的公司章程中规定“股东大会不得无故解除任何任期未满的董事”，这样就可以将宝能对万科董事会的控制拖延至任满。董事三年一任，万科现任董事皆在 2014 年 3 月任职，依照章程到 2017 年 3 月任满。但是万科的公司章程中也规定，连续九十日以上持有公司 10% 以上股权的任何股东，皆有权自行召集和主持股东大会，而持有公司 3% 股权的股东拥有在股东大会上的提案权，在普通决议的情况下，股东大会有权罢免任何任期未满的董事。这就等于自行放弃了一个反收购的防御手段。

最后，中国《公司法》的有关章程规定，董事任期可以实行错期安排，使不同董事的任期届满日隔年交错，具体情形可以是规定每年任满的董事只设置三分之一的名额。这样一来，想要实行收购的股东若想控制董事会就需要等待两到三年的时间，并且每次换选投票的董事人数都会减少，这也就在一定程度上限制了累积投票权的效果。但是，万科的公司章程中，却并未对此类情况做出相关规定。

或许在万科看来，在董事人选上设置障碍只能达到拖延时间的作用，总体来说治标不治本，还是无法真正达到反收购的目的。但是，如今的万科似乎最需要的就是时间，需要寻找“白衣骑士”和恢复元气的时间。

万科也可以从另一个角度出发，例如去寻找宝能的软肋。若是能够将“内幕交易”“一致行动人”的违法行为猜想通过查证真正落实，那么在法律和诉讼的压力之下，宝能的收购行为便会不攻自破。

5. 政府出手：缓和股权之争的第三方力量

万科的股权之争在商海掀起了一场轩然大波，在利益的驱使下，不同商家的相继介入只会加大整个“战场”的混乱程度。

事情发展到这个地步，政府也应该承担起万科“白衣骑士”的角色，不论是地方还是中央，都应该就万科问题进行良好沟通，并且尽快拿出一个周全统筹的方案，以缓和股东大会上剑拔弩张的局面。

通过一系列分析，我们可以看出，万科寻找“白衣骑士”的过程并不顺利。放眼望去，万科可以看到很多目标，但能够真正作为“白衣骑士”的第三方在这些目标当中所占的比例却是寥寥无几。面对严峻的局面，王石能否绝地反击？

万科重组的第二张底牌：管理层的退路？

2016 年 8 月 21 日，万科发文声称已收购黑石集团旗下商业地产印力集团 96.55% 的股权，耗资 130 亿元，并且披露了相关交易细节。此消息一出，立刻引来业内普遍关注。

据香港交易所表示，2016 年 7 月初，所内曾收到一封匿名信，信的内容便是万科披露的此次交易，但是这位匿名人士却把此次交易描述成了万科管理层的退路。这是不是就说明万科即将易主？这封匿名信的出现，使得万科的股权之争迎来了又一个高潮。

万科的公告指出，此次投资基金的投资人包括万科的全资子公司 Vanke Rainbow Holding Limited 和招商银行，以及另外两位投资人。投资基金将用于收购黑石旗下印力集团 96.55% 的股权以及 MWREF 公司，基金的成员是由持有万科股权的有限合伙人及普通合伙人组成，而对于普通合伙人的名单，万科方面并未公开，这使得事情似乎又笼罩了一层迷雾。

作为万科重组第二张底牌的黑石注资，是否是万科管理层王石团队的“B”计划，就像匿名信上所说，是“管理层的退路”？对此，我们可以做出如下分析。

1. 收购印力：花费重金，不惜融资

在收购印力集团的过程中，万科还专门设置了相应的SPV架构，然后通过全资附属公司，设立合伙人，签订了“有限合伙协议”，并提出成立投资基金的事宜。

万科公告声称，万科已与招商银行订立协议，就总额90亿元人民币的投资事项进行合作，款项为期六年。但是匿名信声称，收购印力大致需资130亿元人民币，而所谓的90亿元的股本投资实质上是万科向招商银行借贷，万科实际出资仅有38.89亿元，余下资金皆通过各方渠道进行融资。而万科的公告当中也明确提及招商银行将提供财务支持的内容。那么，如此大幅度的收购动作是否有些过了？

2. 联合黑石：加强控制，还是另寻他路？

7月12日，万科在港交所发布公告称，公司正与黑石磋商129亿元资产的收购事项，随后，便有消息称，黑石交易顺利套现的将近130亿元资金，以7月11日万科18.75元的收盘价计算，可买入万科A 6.93亿股股票，占总股本约6.3%。而黑石可凭此获得万科董事会一个席位，从而增加以王石、郁亮为首的管理层对公司的控制力。

匿名信中指出，2016年6月26日，“宝能系”向万科发难，提出罢免万科董事会全体成员的议案。万科管理层在“积极”寻求外援的同时，也在为自己谋求出路。联合黑石、收购印力便是管理层并购新平台的活动，这样一来，即便王石等人退出万科，也可以继续以同一个团队的方式进行运作。这种行为涉嫌利用公司资金、资源来为自己谋求利益，置万科所有股东利益于不顾，实在有违道德和法律。为此，这位匿名人士还为万科管理层冠上了“恶心”的帽子。

3. 舆论升级：隐晦合资企业的秘密

还有消息指出，万科的公告当中存在一项“限制性条款”，此条款提到了一家名为深圳市深安房地产开发有限公司的合资企业，这家企业成立于2016年1月11日，注册资本为1000万元，巧的是，万科执行副总裁张旭正是这家合资企业的法定代表人，而这也是匿名信中提到过的。

在万科如此紧要的关头选择“自立门户”，这不得不令人疑窦丛生。

说到底，万科与黑石的联合到底是不是管理层的退路？事情真的走到这一步了吗？那位匿名人士对于此次收购事件的细节如此清楚，无形中提高了匿名信的真实度。面对这一舆论压力，万科终于做了回应。

2016年8月22日，万科2016年中期业绩发布会在香港召开。对于匿名信的问题，执行副总裁张旭在现场回应称，万科此次收购印力被视为管理层的退路以及形成出走平台的说法纯属无稽之谈，张旭表示，万科正在积极部署相关的重组计划，所有的万科管理层都在为万科的发展而积极努力。董事长王石以及副总裁郁亮因忙于处理股权争端事宜未能出席本次会议，希望相关人士不要肆意造谣，恶意中伤。

接下来，万科对于与黑石、与招商银行的合作，以及万科管理层的去留问题也做了详细的解释说明。

首先，万科在商业运营平台的打造上正在实行一个十年计划，而此次收购印力原本就是计划当中的一部分。万科与黑石的合作中，资产涉及30个购物中心，达到了300万平方米的商业面积，并且这些购物中心全部位于核心城市。中国已经进入“地产荒”的阶段，而与黑石合作的这些项目对万科的发展有着极其重要的意义。

其次，万科的十年计划是围绕“城市配套服务商”来进行的，在此次战略部署当中，打造一个优质的商业运营平台是一个举足轻重的步骤，并且也是万科实现转型的关键部分。印力集团有着良好的运营管理能力，作为中国第三大商业平台，其所持有的相关资源能够与万科形成良好的协同效应。万科与黑石有过多方面的合作，在物流方面也多有涉及，但是此次收购纯属商业运作计划，并未涉及股权问题，所以并不存在黑石持股万科并参与增发的事情。

再次，对于借贷招商银行的事情，需要说明的是，商业地产原本就是一项重资产型的投资项目，而轻资产或者尽量轻资产的运营平台一直是万科不懈追求的目标，能够与招商银行共同拥有该项资产，也是在为未来提供保障，万科希望重资产证券化的局面能够在这个平台上得以实现。对于万科来说，资产证券化将作为一个发展趋势，今后还会有更多的合作方加入到这个平台，如此一来，万科的平台便会越来越轻。

最后，对于管理层的去留问题，万科表示，倘若引入深铁的计划最终失败，公司也不存在所谓的“B”计划。对此，万科执行副总裁孙嘉表示：一方面管理层的去留并不是由管理层人员自己决定的；另一方面，近一段时间以来，万科确实遭遇了比较棘手的经营困难，万科的管理层在保护和维护客户、股东及员工的利益上投入了更多的精力，并且一直在为此努力着。而对于自己的去留问题，管理层并未考虑太多。对于现在或者是即将到来的局面，万科管理层也会理性面对。所以随着事态的发展，如果有一天管理层真的面临无法避免的困难，那么“我们所做出的选择，相信大家也一定可以理解”。

对于这场舆论风波，万科做出了明确解释，也表明了自己的态度，即万科没有任何意向去收购其他上市公司。同时，万科希望为了各方的利益，各大股东能够放下分歧，寻求妥善的解决方案，毕竟全体股东的最大利益是建立在公司回归原有轨道、实现正常发展的基础之上的。

vanke

PART 07

新力量如何入局万科股权之争？

万科争夺战拥有多少入局者？

万科的股权争夺战发展到现在，俨然已经超出了人们最初的猜测和预期。就如同一部高潮迭起的作品，一方唱罢，另一方登场。在一方的争夺还未平息之际，新的力量又会加入，这样的局面未必是王石愿意看到的。但资本的运作本就如此，在规则和制度下存在着很多不确定。

从“宝能系”增持万科开始，这场股权争夺战的序幕就已经拉开。华润的发难，安邦的加入，深铁重组、恒大登台入场，还有不确定的黑石，众多的入局者怀揣不同的目的，但他们所针对的目标都是相同的，那就是万科的管理层。尤其是2016年7月万科复牌后，股价的下跌似乎让大家看到了宝能与万科争夺的最终结局。而令人无法预料的是，恒大的突然杀入让整个局势更加扑朔迷离。

恒大的强势加入，让人们感受到了“坐收渔利”的味道。许家印也成为左右整个万科股权争夺战的关键人物。而在众多的入局者中，万科这块无主之地最后会成为谁的囊中之物，一切答案，都有待揭晓。

万科争夺战拥有多少入局者？

万科与宝能的股权争夺，从万科王石对外公开宣布不欢迎宝能，到宝能增持、万科引进深铁，再到华润发难，整个事件经历了近一年的时间。到目前，万科事件在多方的博弈之下，依旧没有一个确定的结局。其实，追溯宝能和万科之间的竞争，早在2015年宝能就开始在万科布局，而股权争夺的战争则在当年年底才正式展开。以王石为首的万科管理层在与“宝能系”争夺的过程中，也牵扯进了众多的入局者。

当然，这场股权争夺战中最主要的两方就是万科管理层和“宝能系”。“宝能系”在2015年7月10日前，通过二级市场买入万科的股票，第一次耗资80亿买入万科A总股本的5%，接着又先后通过前海人寿、钜盛华三次增持万科股份，最终取代华润，成为万科最大的股东。

在“宝能系”持续增持万科的同时，安邦杀入战局。2015年12月7日，安邦举牌万科，购入万科A股5.53亿股，成为继“宝能系”和华润后的万科第三大股东。与此同时，王石发表了不欢迎宝能的言论，也开始采取行动。从2015年12月20日开始，王石拜访了包括华夏、博时、嘉实在内的几大公募基金。而后，在12月23日，王石出访香港，拜访瑞士信贷；接下来，又与香港外资、深圳国泰君安进行交流。

这些企业是否参与了万科的股权争夺，我们现在还无法知晓。不过需要注意的是，在宝能增持万科时出现的安邦，似乎对万科与宝能的事件起到了一份关键的作用。如果安邦和宝能一致行动，那么双方持股份额会超过30%。按照万科的企业章程，如果双方形成一致行动人，持有万科股份30%或以上，就可以成为万科的实际控股股东。

所以，安邦作为宝能之外的另一个重要的入局者，它的态度将直接决定以王石为首的万科管理层的命运。不过让万科管理层感到欣慰的是，12月23日，安邦和万科联合发布声明，安邦表示支持万科管理层。

虽然安邦的立场已经明朗，不过在万科与宝能的股权争夺战中，在宝能之前万科的第一大股东——央企华润的态度却模糊不清。为了对抗宝能，王石曾经请求华润增持万科股票，但华润由于企业性质的掣肘，并没有如此做。而对于万科的重组方案，华润很显然持反对态度。其实，在华润联合宝能向王石发难之前，万科管理层的设想是非常完美的：持股10%的万科管理层与持股15%的华润联手，再加上其他支持万科管理层的股东，最终的股份足以超过宝能的25%，那么对抗“野蛮人”宝能也就易如反掌。

然而，令王石没有想到的是，华润最终“倒戈”，加入了宝能的阵营。万科管理层曾试图引入深铁，对万科进行重组来对抗宝能，但是因为各方股东的意见分歧，至今未出台具体方案。

在这样的局势之下，王石组成了一个松散的联盟。支持王石的一方，首先以王石、郁亮为首的万科管理层持有不到1%的股份，万科的员工持股4.14%，万科工会持有0.61%。此外，王石的好友刘元生持股1.21%，而万科的内部股东合计持股约5%，还有其他的万科事业合伙人的股份2.98%，综合起来，万科管理层支持者的股份合计约9%左右。虽然安邦在最初也可算作“联盟”中的一员，但因引入深铁的分歧，安邦将自己的立场转向华润。

至此，通过股权的占有率我们可以看到，万科股权争夺战中，已经出现了多名入局者：除去万科管理层和内部股东联合拥有的9%，万科曾经的第一大股东华润持有股份 19.43%（华润自身持有 15.29%，第二次增持为合伙人盈安，持有万科股份 4.14%）；宝能系的股份为 25%；安邦保险在第一次举牌万科获得 5% 股份后，在 2015 年年末再度举牌，股份增持至 6.18%。宝能、华润和安邦成为万科入局者当中的前三霸。

万科事件发展至今天，宝能、华润和安邦已经成为万科最大的入局者，尤其是华润和宝能。不过万科的股市显示，事实上整个事件并非就这几方势力的争夺，而是不断有新的入局者加入。最近一次，在万科董事会召开的前一天，也就是 2016 年 8 月 19 日，股票市场上出现了两家香港的金融机构，这两家金融机构在大量买入万科的 H 股。伴随调查的深入，买入万科 H 股的买主身份逐渐清晰，分别是中渝置业和新世界集团。

中渝置业的董事会主席是张松桥，而新世界集团则被郑裕彤家族控制。实际上，从 2016 年 8 月 1 日开始，这两家机构就开始大量收购万科 H 股，当时，收购万科 H 股的是两家名为 Nexus Capital 的私募基金和鼎佩证券，这两家机构对万科的 H 股进行大量买入并增持。

鼎佩证券的持股数量在 8 月 1 日当天就达到了 1.3%，在接下来的几天内，这家机构继续增持，到 8 月 9 日，鼎佩证券已经出现在万科的股东名单当中，H 股份额超过 5%，而到 8 月 11 日，鼎佩证券的万科股份已经达到了 8.84%。万科 H 股当时在香港的价格大约为 18 港元左右，鼎佩证券在短短的 11 天里，购买万科 H 股所花费的金额大约为 23.82 亿港元，折合人民币 20 多亿。

在鼎佩证券对万科 H 股持续买入的同时，Nexus Capital 在 9 日到 11 日之间，也花费了大约 16.7 亿元人民币同时买入万科的 H 股。那么，这两家机构为何会持续买入并增持万科的股票？随着事件的发展和推移，在 8 月 19 日，中渝置业和新世界集团这两家背后的金主得以出现。郑氏家族和张松桥加入万科的股权纷争，不禁让人们困惑，他们是否也想成为万科股权争夺战的参与者？而事实是，中渝置业的董事长张松桥以及控制新世界集团的郑氏家族，他们都与一个人的关系非常密切——恒大集团的董事长许家印。

至此，万科股权纷争中新的入局者出现，虽然大家还不能确定中渝置业和新世界集团增持万科股份，是否是和许家印形成了某种默契，但从恒大持续增持万科 A 的态势来看，这一切都不言而喻。随着事件的持续发酵，万科是否还会有新的入局者出现也未可知。

“宝能系”作为万科股权事件的第一个入局者，从最初动用旗下众多的分公司来购买万科的股份，并持续增持，成为万科的第一股东，到如今恒大的加入，不可否认，万科今天的这种局面，在创立之初就埋下了隐患。王石在创建万科之时，对股权和投票权欠缺风险意识，在后期的改革和股权变更过程中，对万科的管理者和所有者的定位也存在偏差。所以，在上市后，以王石为领导的万科管理层由于没有实际的控股权，在与资本方的争夺中始终处于弱势，这就导致了不断有入局者加入。

谁在继续买入万科？

2016年8月12日这一天，万科的A股再次迎来了一次超规模的交易量。从上午10点30分开始，万科A突然发力，到中午收盘，已经达到了5.65%的涨幅，47.5亿元的交易量，这个数额比过去三天的交易总和还要多。下午，万科A股继续上涨，在下午2点多被封死在涨停板。而万科A的股价从最初的20.71元不断上升，涨到22.78元。根据公开的资料显示，8月12日当天，万科A成交363万手，成交总额为81.74亿元。

那么，万科如此大规模股票交易背后的买家会是谁？这成为关注万科事件的众多人士思考的重点。对此，我们可以从万科事件的入局者逐一进行分析。当前，万科事件的入局者有“宝能系”、安邦、华润、万科的管理层以及恒大。对于“宝能系”而言，短时间内筹集80多亿的资金并没有切实的渠道；安邦虽然因深铁重组的分歧转向华润，不过它在整个事件当中的种种态势表明，它只想做一个投资者，对万科的控制权并没有太大野心，因而继续增持万科股份的可能性不大。

同样，华润也不存在花费巨额资本增持万科股份的可能，万科的管理层虽然有增持的理由，但是缺少资金来源。除了这些入局者，还有第三方融创，但融创的孙宏斌表示，自己以及融创并没有买入万科。那么，在近期忽然杀入的恒大最有可能是这次举牌万科的买家。

与宝能不同的是，实力雄厚的恒大，在增持万科股份的同时并没有表明自身的立场和态度。

7月21日，万科出现复牌后的第一次最低估价，万科A当天的单支股价为17.02元，7月22日开始，又出现小幅度上涨，到了8月4日，万科股盘一路走高，单支股价也飙升到了19.67元。至此，万科的大盘估价走出了9条阳线，股价的上涨率达到了5%。而观察7月22日到8月1日之间万科A的交易资金就可以发现，在这段时间内的七个交易日中，万科A的资金净流入分别是4714万元、572万元、负12779万元、负36877万元、31289万元、负12519万元、负2496万元。

截止到8月3日，万科A的买入地点主要是广州证券营业部，总额达22亿元，其中前三的交易厅分别为第一创业广州猎德大道9.21亿元，西南证券广州天河路8.35亿元，安信证券广州猎德大道4.47亿元。而8月3日当天的一份报道披露，在万科股票的众多买家当中，中国恒大的持股比例已经达到了2%，而且买入的资金大部分出自许家印的个人账户。不过对于这份消息，恒大给予了否认，表示恒大并没有买入万科的股份。至于许家印个人是否买入，恒大方表示并不知情。

不过就在恒大否认买入万科股份的第二天，也就是8月4日，恒大在万科涨停的情况下，撤回了之前否认买入万科股票的说法，承认确实已经买入万科的股票，并且表示恒大正在拟写正式的回应公告。实际上，在2016年的年初，恒大就对万科表现出非常大的兴趣，在宝能三次举牌万科成为万科的第一大股东后，恒大就曾与宝能接触，希望宝能转让万科的股份。2016年3月，恒大又与华润会面，希望以每股20元的价格购买华润的万科股份。但是与宝能和华润的这两次接触，恒大并没有得到双方肯定的答复。

而根据8月4日恒大发布的回应公告显示，恒大先后以91.1亿元人民币的资产对万科在市场上的万科A进行收购，相比于新闻报道中的2%，实际上恒大对万科的股权占有率已经达到了4.68%。在买入万科A股的同时，恒大也对万科的H股进行收购，公告发布的当日，恒大对万科的持股比例已经上升为4.9%，还差0.1%就达到举牌线。对于买入万科股票的原因，恒大在公告中表示，这次收购是恒大的一项投资。

所以，到2016年8月4日，恒大正式宣布入局，万科的股权争夺战再次发生变化。以万科A来算，万科当前的股份总额为110亿股，目前各个入局者的持股比例由高到低的分布为：第一大股东宝能系，持股27.86亿，占股份总额比为25%；万科原有第一大股东华润集团，持股数额为16.9亿，占股份总额比为15.29%；第三是万科的管理层，持股7.86亿，占股份总额比为7.12%；第四是安邦保险，持股6.83亿，占股份总额比为6.18%；新入局者恒大成为万科第五大新晋股东，持股5.17亿，占股份总额比为4.68%。另外，还有“国家队”证金公司，持股数量为3.3亿，占股份总额比为2.99%。

以上万科股东的总占股比已经超过了60%，如果再剔除11.91%的万科H股，万科A在市场上的自由流通股只剩下了26.8%。在这样的形势下，如果8月12日81亿的巨额买入的确是恒大对万科股份的再度出手，那么对于万科现有的股权结构来讲，将会是又一次冲击。实际上，在2016年7月4日万科A复牌后，“宝能系”的持股比例就已经达到了25%，对此，万科管理层向深圳地铁增发28.72亿股，试图让深铁成为万科的第一大股东。而以8月4日的实际股价来看，“宝能系”只需要20多亿就可以超越深铁，但是宝能当前却处于劣势。而恒大的入局，则给“宝能系”释放了很多压力，因此，也有很多人士猜测，许家印很有可能是姚振华请来的援军。

那么，8月12日当天对万科的买入到底是不是恒大所为呢？从资金的实力来讲，恒大通过近几年在地产和金控平台发力，自身的资金实力得到了快速提升，尤其是近期两度举牌廊坊发展，更让恒大成为资本市场的焦点。不过恒大对万科的增持，其出场亮相方式让市场和业界人士感到意外。先是否认买入万科，然后再承认，恒大方的做法以及模糊的态度和立场，都让人感到迷惑。不过，一直致力于房地产市场的恒大，是否是“宝能系”请来的外援，这一点似乎无法确定，因为恒大与宝能一直未曾深入合作过，许家印和姚振华的交集也仅限于公众场合。

所以，恒大是不是本次81亿元资本的举牌者，在投资界看来还是一个未知数。不过从恒大8月4日的声明中，也能看出它收购万科的市场意图。值得注意的是，在8月12日万科A涨停的当天，与恒大相关的股票，包括廊坊发展、腾达建设、嘉凯城、粤宏远等也都出现了不同的上扬。因此，无论是恒大再度出手，还是在恒大之外，万科又出现了新的投资者，抑或王石的万科管理层请来的“外援”，随着时间的推移，最终的答案终将被外界知晓。而恒大如果真的控股万科，为万科事件的多方参与者带来一个共赢的结局，那也不失为一件好事。

是何因素让万科股权之争从“三国杀”变身“打麻将”？

在万科股权的争夺战中，尽管恒大的入局让人感到突然和意外，不过仔细思考和分析，恒大的举牌也并无不妥之处。

和万科一样，恒大的实力并不弱。2016年7月20日，美国《财富》杂志发布的世界500强排行榜中，恒大成为唯一一家通过20年发展跻身榜上的民营企业。通过2009年与2015年营业收入的对比也可以发现，恒大在2009年上市时的营业收入为57.2亿元人民币，到了2015年，这个数目增长了20多倍，达到了1331亿元。在营业收入疯狂增长的同时，恒大的净利润在这五年多的时间里增加了14倍。

从综合实力的角度讲，恒大和万科一样，都是房地产行业的佼佼者，因此，恒大举牌万科、持续增持万科的股份也合情合理。而恒大的“搅局”，在让市场惊讶的同时，恒大自身的股票也在迅速提升。

在恒大加入万科股权纷争之前，万科与各大股东之间的关系几乎降到冰点。对于原有的第一大股东华润，由于万科管理层没有经过董事会的同意就引入深圳地铁，致使在2016年3月19日的一次媒体采访中，华润集团董事长傅育宁公开批评万科。在万科与华润合作的16年里，华润这样明确地公开批评万科还是第一次。接着，在6月17日的董事会会议上，因为重组方案的问题，万科的管理层与华润之间出现分歧。对此，华润表示，万科管理层如果不修改方案，华润将不会同意万科的重组方案。

在同华润的关系不断走向分裂的同时，万科与宝能的关系也一直处于恶化状态。在 2015 年宝能三次举牌万科时，以王石为首的万科管理层就明确表达了不欢迎宝能的观点，接着，王石表达了对宝能信誉的质疑，并称宝能为“野蛮人”。

7 月 18 日，万科管理层更是提出了一份近一万字的举报报告，并将这份报告交往监管部门，以此来打压宝能的进攻。除了宝能之外，万科的第三大股东是安邦保险，安邦在买入万科股份后曾经表明自身的立场，表达了同万科管理层合作的意向。不过同样是因为深铁重组上的意见分歧，安邦的立场逐步转向华润。如今，在愈演愈烈的争夺局势下，安邦则处于隔岸观火的状态。

对于万科的管理层来讲，在这样的局势下，自身的劣势在资本争夺中很快就会显现出来。如今，宝能和华润已经立场明确地对万科的管理层发出了反对的声音，华润和宝能的股份总和已经超过了 40%，如果二者关系良好，将能实际掌控万科。而此时，恒大的加入，无疑给万科股权争夺战加上了浓墨重彩的一笔。我们暂且不去探讨这一事件最终的走向如何，单就恒大的加入来讲，其动机是什么，就已经成为很多人思考的问题。

对于收购原因，8 月 4 日的恒大公告指出：万科为中国的最大房地产开发商之一，其财务表现强劲。收购项目为公司投资。从恒大的表述中可知，恒大买入万科股票，实际上就是为了进行财务投资。而在 8 月 4 日的这份公告发出后，恒大再无后续说明。接着，在 8 月 8 日至 8 月 15 日之间，恒大继续收购万科的股份，截至 8 月 15 日，恒大已经耗资 145.7 亿元，占有万科 A7.53 亿股，占比接近 7%，成为万科的第三大股东。

恒大的入局，让万科股权争夺战的演化道路更加迷离，同时也让人们思考，除去万科的自身地位和股权结构，众多入局者不断加入到万科的股权争夺，尤其是恒大，其中的深层次原因是什么?

其实，从万科股票的价值来讲，万科的发债成本很低，2015 年万科发行的为期 5 年的债券，最终的票面利率只有 3.5%。这表示万科的发债成本已经低于国债利率。而且，万科的信用等级是 3A，所以万科的公司债都是无须担保的品种，这些都成为众多局外人入局万科的理由。

另外，万科之前因为王宁的存在，众多的资本家即使虎视眈眈也无法对万科如何。如今，王宁已经不是王石的岳父，关系没有了，万科就需要完全依照市场的规则来运作。万科的人才、土地，以及物业、品牌，成为万科的重要资本。只需要几百亿的资金就可以掌握万科的实际控股权，换掉万科的管理层。通过这几百亿的代价，可以换得万科的品牌以及 2000 亿以上的资产和成本低于 4% 的融资渠道，对于恒大来讲，这是一笔非常划算的生意。

万科自身的众多因素成为恒大入局万科股权之争的前提，而恒大对自身举牌增持万科的原因，则给出了三点解释。

第一，从宝能举牌万科开始，万科就陷入了股权纷争中。随着各方资本的加入，万科的股权之争不但没有结束，反而越加混乱，在这样的局势下，万科的股价也处于不稳定状态。万科股价的起落严重损害了万科中小股东的利益。恒大的加入，就是为了结束万科当下混乱的局面，稳定股价，保护中小投资者的利益。

第二，在房地产方面，宝能的业务并不出色，在这样的前提下，如果宝能控制万科，必然会对万科的发展和成长造成不利的影响和重大损害。而恒大则不同，恒大和万科一样，是全国规模最大的房地产企业之一，有着极为丰富的发展资源，同时也拥有先进的管理水平。所以，在宝能无法对万科未来的长远发展提供有力支持的条件下，恒大凭借自身的各种优势加入万科，对万科来讲无疑是最好的。恒大能够有效地控制成本，同时实现大规模的快速开发，从而持续地促进万科的发展。

第三，基于宝能在地产行业的劣势，对万科来讲，可以通过与恒大的合作，对恒大和万科这两家最大的房地产企业进行整合。毕竟在众多的产业当中，房地产行业是与民生联系密切的行业之一。同样都是中国房地产行业的龙头企业，恒大与万科强强联手，必然会达到最优化的资源配置，同时也能够在未来实现为市场提供更多优质产品的目标。

恒大对入局万科的原因说明，在否定了宝能的同时，更加强调了万科与恒大两家房地产企业进行整合的重大意义。当前，恒大与万科的最大差距还是市值。如果恒大能够在二级市场上持续增持万科的股份，加之自身雄厚的资金实力，超越万科也并不困难。而从客观上讲，恒大与万科的整合对万科事件当中的各方入局者来说都是最好的结果。实际上，如果像 8 月 4 日的公告书中所说的那样，恒大增持万科股份只是为了单纯的财务投资，那么恒大此举的效应也是非常高的。因为到 8 月 15 日为止，一百多亿的投资在给自身带来巨大收益的同时，恒大在媒体的曝光率也持续上升。

从客观上讲，恒大因为增持万科还引发了恒大概念股的集体飙升。更为重要的是，无论什么原因致使恒大入局万科，恒大的加入都让停滞的万科事件有了新的发展可能。

万科为何会再添插足者？

2016年8月4日，恒大因为一份股权变动公告而再度进入舆论公众的视野，这份公告也宣告恒大正式加入万科的股权争夺战。当天，恒大称已经收购万科A股5.17亿股，花费91.1亿元，占据万科发行的股本总额接近5%。而对于收购万科的原因，恒大在公告中表示：买入万科，是因为万科是中国最大的房地产开发商之一。万科在财务方面表现强劲。

不过，对于恒大的入股，也有人认为，对于万科的团队和资产，恒大其实觊觎已久，而且以许家印的性格，恒大入局万科应该不仅仅是资产投资这样简单，进入万科董事会，从而在万科业务上获取话语决策权，或许更符合恒大的胃口和要求。那么，恒大入局万科的真实目的是什么？虽然目前为止这一点并不明确，不过当前业界也已经有了如下几个方面的综合猜想。

1. 借助A股加速自身多元化布局

2013年，恒大的销售规模第一次突破1000亿，之后就将多元化发展列入集团战略当中，并在2014年8月，正式提出了多元化的发展战略。2014年8月2日，在恒大集团上半年的工作会议中，许家印指出，恒大的发展先后经历了“规模”“规模+战略”“规模+品牌”的战略发展阶段。在接下来的2015年，恒大将进入“多元+品牌+规模”的战略发展阶段。实际上，恒大的这种多元发展战略是世界上众多特大型企业普遍采用的一种企业发展模式。西门子、通用、三星等众多世界 500 企业都因这一战略而成为行业的佼佼者。

在 2014 年，恒大的总资产已经超过 4000 亿，半年的纳税额也超百亿。在如此庞大的数据面前，进入世界 500 强自然而然地成了恒大的发展目标。“扩大版图、覆盖全国、走向世界”是许家印为恒大设立的总目标。在“多元 + 品牌 + 规模”的战略面前，恒大提出在 2017 年再进入 200 个城市、10 个以上的国家，以此来加速国际化的进程。

在多元化的发展战略下，恒大先后涉足互联网、旅游、健康、文化、农牧、体育和金融等多方面的产业。近几年来，恒大粮油、恒大足球以及恒大电影等恒大集团的新兴产业迅速崛起，这些都是恒大集团多元化探索的成果和标志。

而恒大的布局并非只是针对万科 A 股进行收购，到目前为止，许家印分别借助两个平台——恒大人寿和中国恒大，对 13 家上市公司的 A 股进行了买入，包括粤宏远 A、智光电气、中航动控、宝鹰股份、世纪游轮、腾达建设等。对此，多数的市场分析认为，恒大在 A 股市场的急进表现，最大的原因就是迎合自身多元化的战略布局，而买入万科，也是这个目的。

2. 整合万科

虽然在 8 月 4 日恒大的股权变更公告中，恒大表示买入万科股份“乃是一种财务投资行为”，而且从目前的形势来看，恒大虽然成了万科的第三大股东，不过其立场始终保持中立，并没有和任何其他股东构成所谓的一致行动人。所以，针对恒大总裁许家印的分析，有观点认为，恒大入局万科，绝对不会是一项单纯的财务投资。持续买入万科股份，抑或从众多的入局者手中接过股份，恒大将有机会成为万科的第一大股东。

由此可以预见的是，恒大将会是万科股权争夺战当中最有力的筹码，恒大很有可能成为“万宝之争”的终结者。目前，凭借着已经获得的股份，面对众多的入局者，许家印身后的恒大无论站到哪一方，都会让恒大成为接下来左右万科局势的关键。从这样的角度来讲，恒大也会成为万科的众多股东拉拢的对象。而以王石为首的万科管理层，他们在万科的命运也将会在恒大的后续举动和选择当中逐步明确。

不过，也有业界人士表示，如果恒大继续买入万科，最终恒大成为万科第一大股东的可能性极大。但是，即便许家印成了万科的董事长，并掌握了万科的控制权，他将万科纳入到恒大的体系当中的想法也很难实现，而即便最终成功了，万科也将不复存在。

3. 交叉持股，补充土地储备

交叉持股最早出现于日本。1952 年，日本阳和房地产公司被恶意收购，为了防止这一事件的再度发生，交叉持股的策略在日本市场开始盛行。交叉持股的主要特征表现就是：甲乙丙三家公司，甲持有乙的股权，乙持有丙的股权，丙又持有甲的股权。如果是牛市，三家公司都能够实现资产增值，这也就意味着甲乙丙三家公司各自所持有的其他公司的股权也在升值，这种升值又会刺激自身的股价上扬，最终形成一种互动性股价上涨的关系，牛市机制的泡沫也是由此而来。

而中国未来的房地产板块，最大的特点就是行业高度集中。目前以及不远的将来，房地产公司，尤其是短期的房地产企业，它们所面临的问题已经不再是资金紧张，而是无地可拿。而从长期来看，对比传统的兼并收购或者拿地开收模式，如果能够直接去购买估值相对较低的房地产企业的股权，一次扩大自身的话语权，这样的速度似乎更快，也更简单。

当下，万科的市场份额大约超过 3%，在这样的大背景下，兼并重组也会多次发生。而实际上，通过传统的方式高价拿地，与同相关的上市地产公司交叉持股，它们的作用是一样的。很显然，交叉持股是一条更加便捷的方式。所以，恒大集团在 A 股市场上进行疯狂扫货，其中很多就是地产界的同行。买入万科、入主万科也很难说不是一种交叉持股、迅速补充土地储备的策略和方式。

不论如何，许家印想带领恒大超越万科，成为领先世界的房企，这一点是行业公开的秘密。对万科来讲，其企业的独特魅力就在于它的价值观和企业文化，这也让万科在中国乃至世界的市场上遥遥领先。当年许家印想通过华润控股万科的愿望落空，由于“万宝大战”，万科复牌后股价一路下跌，对于许家印来讲，这无疑是恒大最好的机会，所以他必然会抢筹买入。更重要的是，恒大的入局、许家印收购万科，其资金是全资而没有使用杠杆，这也意味着在万科的股权争夺战中出现了一个真正的资本大鳄。不管恒大入局万科的目的是什么，它无疑会加快万科 A 股的布局。

恒大入局万科，有何影响？

在万科的股权争夺战中，从更深的层次去看，恒大的“杀入”非常有助于人们穿透资本的迷雾，去深度认知市场资源配置的属性。对此，有观点认为，与宝能不同的是，恒大具有管理好万科的能力，因为它本身的经营能力与万科不相上下。所以，恒大的介入让万科以王石为首的管理团队的作用更加弱化，他们是去是留，对恒大来讲并无多少影响。

当然，这只代表了事件演进中的一个方面的观点，毕竟万科股权争夺战发展到现在，很多人都希望这场战争能画上一个圆满的句号，因此才将万科之争的终结者寄托在入局的恒大身上。不过，从宝能 2015 年举牌万科开始到如今的种种可以看出，宝能也一定是有备而来，也一定会有面对万科管理层出走的应对之策。

无论如何，恒大的加入让万科事件在一定程度上具备了符合社会期待的可能。目前，恒大已经成为万科的第三大股东，从恒大过往的成长轨迹来看，它用 20 年时间使自己跻身世界 500 强，说明恒大本身就具备超凡的能力。恒大的入局，是否会给万科带来新的转机，这一点还需要人们拭目以待。而对于众多的入局者而言，恒大的加入则对它们有着不同的影响。

对于万科的管理层来讲，恒大的加入无疑是雪上加霜。无论恒大与宝能是否是一致行动人，作为资本方，二者的希望是相同的，即不希望万科的管理层控制企业。这也就意味着，以王石为代表的万科管理层很难再像过去那样控制万科。王石和他的团队，从根本意义上讲只是职业经理人团队，那么他们就应该去尊重作为职业经理人的道德和规则。如果说这对王石不公平，那么这种不公平在他创立万科之初，将万科交由资本市场之际就已经注定，如今只不过是市场成熟，“悲剧”浮出水面。

而且，万科在A股市场能够自由流通的股份目前只剩下24%，安邦吸筹增加到6%时，万科管理层的占股比已经排到了第四位。在这样的形势下，如果恒大继续举牌，在二级市场持续吸筹，那么万科管理层的占股比将会下滑至第五。因此，对于万科管理层来讲，各大股东占据了70%以上的股份，接下来改组董事会也是一件自然而然的事情。当然，也并不排除王石的团队继续管理万科的可能，毕竟恒大有许多自身的业务，在地产领域也有很多的储备土地有待开发，但是万科的控制权却不会掌握在万科管理层的手中。

万科管理层今天所面对的困境，皆是由于王石团队对万科控制权的大意，而专注于住宅领域的业务以及颇具情怀的理想主义企业文化，导致万科的价值被低估，进而让万科成为被垂涎的“羔羊”。恒大的入局，即便最终决定由万科的管理层继续管理万科，但是失去对万科的控制权并非王石管理团队愿意看到的。另外，因为恒大的“搅局”，深铁进入万科基本上不再有希望，这对于万科管理层来说又是一重打击。

在恒大入局之前，宝能面临着爆仓风险。而恒大的加入，无论其原因和动机是什么——即使并非恒大的本意，也对宝能有着莫大的帮助。根据万科先前的《关于提请查处钜盛华及其控制的相关资管计划违法违规行为的报告》显示，万科A股价的下跌已经对宝能造成了一定的压力，因为宝能增持万科股份的资金全部都是使用杠杆。在宝能的资管计划中，对万科A的持股成本，每股的平均价格是18.9元，如果加上利率和融资成本，那么每股的平均成本将接近20元，复牌后，万科A股价的持续下跌对宝能的损失无疑是巨大的。

也就是说，如果复牌后万科 A 的股价持续低于 17 元，宝能就必须对自身的资管计划追加保证金，否则就会出现资金断裂。若资金断裂，宝能掌控万科的计划就会功亏一篑。而恒大对万科 A 的收购，则让低迷多日的万科股价快速上涨，对宝能来说，这无疑是最好的现象。因此从这一角度讲，万科股权争夺战中，恒大的入局明显地利好宝能。当然，这也是万科管理层对恒大入局心怀不满的重要原因之一。

而从恒大自身来讲，入局万科不论出于什么样的动机，对恒大都是有积极影响的。恒大在公告中指出，买入万科的股份是为了财务投资。根据恒大的公告，恒大在 2016 年 8 月 4 日之前买入的万科 A，单只股票的平均成本为 17.6 元，而 8 月 4 日，万科 A 的股价已经涨停至 19.7 元。按照恒大当时的持股比例，截止到 8 月 15 日，恒大共投资 145.7 亿多元，占股比为 6.82%，可以确定恒大账面上的万科 A 浮盈就已经超过了 38.82 亿元。更何况，恒大的入局实际上可能存在着更大的布局和野心，若许家印能掌控万科，对恒大未来发展的助益也将是巨大的。

另外，对于万科的中小股东来说，恒大的入局也是一个福音。中小股东买入万科的股票，基本上都是为了财务投资，既然是投资，自然就希望所买入的股价不要下跌。万科复牌后，股价多日的低迷情况因为恒大的加入而终结，可以说，是恒大的加入，让股民们看到了万科股价能够增长的希望。市场上，万科的股民大约有 27 万，这 27 万投资者的利益因为恒大的搅局而得以保证，同时，他们也更加愿意相信，恒大的加入将会继续刺激万科的股价上涨。

因此，恒大入局万科，其影响是多方面的，既拯救了市场上的万科中小股东，实现了中小投资者的盈利；也间接地帮助了宝能，使得在公众面被动的宝能解决了爆仓的危机；同时，恒大更是壮大了自己，本身作为世界 500 强企业的恒大，通过收购万科股份，其自身的股票也在不断上涨，而且，因为万科，恒大的知名度也更加广泛。对于恒大来讲，以当前的实力入局万科是有利无害，名利双收。

而依照恒大的做法，它这一次买入万科股份的举动，可以确定是有备而来。恒大是否能成为万科最大的股东，这一点目前还很难确定，如果这一假设成立，那么万科管理层与华润和宝能之间的矛盾也会得以解决。对恒大来讲，当前成为万科第一大股东所面临的最大问题就是，现在二级市场上万科A流动的股份已经很少，关键就看万科的其他股东是否愿意转让股份。

在这个资本掌握绝对话语权的时代，万科事件也给王石的管理团队上了很重要的一课，更给其他股权分散的上市企业敲响了警钟。资本运作无论多么强势，只要是合法透明、不违反法律和规则，都是无可厚非的。在这个前提之下，万科有多少入局者、谁入主万科都没有问题。恒大的入局，是对尊重市场、尊重股权的有力诠释，宝能也是如此，因此，我们不能站在道德的角度去谴责他们。

总之，万科的股权是王石当年亲手放弃的。实际上，当股权低于20%时，第一大股东就会面临失去企业控制权的危险，对于A股来说，大股东应该考虑如何增持，而不是套现。如果恒大真正成为万科的第一大股东，对于万科来讲，这未尝不是一件有利于自身发展的事情。而恒大的下一步行动如何，让我们拭目以待。

vanke

PART 08

万科股权的诱人之处

为何众人觊觎万科股权？

万科的股权争夺战，对于中小散户投资者而言，无异于一帧帧离奇精彩的画面。先是宝能的加入，然后是安邦、华润、恒大，多方争夺之下，这一场资本的对决演变成了跌宕起伏的商业战争。可以说，在资本市场上，股权争夺是一件平常不过的事情，但是如万科一样将资本的暗箱操作置于透明的规则和体制之下，在中国还是首例。

可以说，万科股权争夺的背后是资本发展到一定阶段的结果，是市场经济成长中的必然。不过从万科的角度或者从众多介入者的角度讲，中国房地产领域的知名地产企业有很多，为什么万科偏偏成为大家争夺的目标?

最根本的原因需要从万科成立之初的股权结构说起。分散的股权结构设计让万科成为无主之地，而在创始人王石管理团队的带领下，万科成为中国地产行业的标杆。先进的企业文化、优良的经营管理模式，以及强大的业绩和成长力，让万科成为中国乃至世界最大的住宅开发商。先进的企业管理，以及在行业内的地位等众多因素，导致万科成为被资本觊觎的目标。

为何众人觊觎万科股权？

作为老牌的上市公司，万科在30多年的发展当中已经成为中国房地产行业的翘楚。正常来讲，在当前的市场经济之下，万科的发展应该进入了稳定的阶段，在宝能争夺万科股份之前也确实如此，这一点从创始人王石的行踪之中也能看出。可是从2015年宝能举牌万科开始，万科的股权就被众多的收购方觊觎。其中的原因又是什么呢？

或许根本的原因要从万科的股权结构说起。恶意收购的第一起案件来自美国，主要原因在于美国上市公司的股权结构过于分散，当然，这与美国高度重视个人产权的企业文化有着重要的关系。以美国的通用汽车为例，通用汽车有4亿股份，而持股人则高达200万人，这也就意味着单个股东的持股比例要远远低于5%。在这样的股权结构下，恶意收购者只需要花费很少的代价就可以顺利地成为企业的第一大股东，进而控制董事会。

但是与美国上市公司的股权结构不同，我国上市企业的股份大多控制在国家手中，也就是说，我国有一半以上的上市公司是由国家控股，所以，即使具备了足够的财力，对这一部分上市企业进行股权的恶意收购也几乎不可能。而民营的上市企业，也往往是由一个实际的控制人掌握大部分股权，在这种股份高度集中于个人的环境下，进行恶意收购的难度和成本都是非常高昂的。

所以，万科是一个意外。作为万科的创始人，王石在万科的经营上展现了极高的天赋和能力，在他的带领下，万科如今已经成为全世界最大的住宅开发商。不过，在股权设计上，王石的做法显得非常西方化，万科的股权非常分散，王石所拥有的股权不足 2%，当时万科的第一大股东华润的股份也只有 15%。而华润作为第一大股东，并没有参与到万科的管理决策当中，只是控制了万科 15% 的财务。也正是因为这样，万科的实际控制权一直掌握在以王石为首的管理层手中。

正是这种分散的股权结构，让万科成为众多具有资本野心的“野蛮人”觊觎的目标。郁亮就曾经说过，只需要 200 亿资金，就能控制万科。

万科这样的股权结构在中国的资本市场当中确实是一个异类。王石当初所做的这种股权结构设计是出于无奈也好，出于情怀也罢，他这些年能够实际掌握万科的控制权，是因为第一大股东华润的支持。分散的股权，是万科成为众人觊觎目标的最直接原因。当然，除了这一原因，万科的发展力和成长力，及其在行业当中的地位和影响，也是它被觊觎的重要原因。具体来讲，表现在以下三个方面。

1. 万科的品牌优势

如果购买一套万科的精装房屋，我们就会发现，从房屋的装修设计到户型结构，每一平方米都是经过精心考虑的，不会有一点点空间上的浪费。相比其他企业开发的建筑，万科在这一方面可谓做到了面面俱到、精益求精。而且在材料的选用上，万科所选择的也都是一线知名品牌，卫浴龙头花洒是美国的摩恩，地板的瓷砖是意大利的诺华贝尔……如果存在家装方面的问题，只需要给物业管家一个电话，万科的工作人员就会直接上门服务。

万科用这样的精神塑造了自己的独有品牌，形成了自己的核心竞争力和品牌优势。经过 30 多年的发展，如今万科的品牌在行业内的知名度已经遥遥领先，而综观中国的房地产行业，当前还没有哪家房地产企业可以像万科一样将品牌推上如此成功的轨道。品牌已经成为万科竞争和发展的文化根基，也成为万科的其他优势得以衍生的根本。

所以，作为中国的第一大房产企业，万科的品牌价值是无法估量的，面对如此巨大的品牌价值，万科成为众多资本争夺的目标也就不再稀奇了。

2. 万科的项目运营能力

为了最大限度地提高项目运营的效率，早在 2006 年，万科就开始特别针对项目会议的流程进行梳理。万科通过不断实践，用很长时间对项目运营会议进行整体分析，最终提炼出了在项目开发过程中需要特别注意的 16 个事项，并形成了 16 个管控会议，在上海地区推广试验。伴随着对项目运营探索的深入，经过近 10 年的梳理，万科又将这 16 个管控会议缩减为 10 个，最终，这 10 个管控会议成为万科进行项目运营管理的关键。

可以说，项目运营能力极致地体现了万科在项目管理过程中的精细度和标准化程度，而这 10 个管控会议则让这种管理得以有效执行。相对其他的房地产企业而言，万科的项目管理不会存在相对粗放、程度不高的问题，而是能够将项目的管理聚焦于 10 个关键节点，再对这 10 个关键节点逐一细化管理，最终落地执行。

万科的这种项目管理体系成为其提高项目运营效率的重要手段，而万科的这种模式也让它的项目运作能力在国内的地产行业首屈一指。因此，万科的价值不仅表现在品牌的优势上，也体现在万科的项目运营能力当中，这样的价值和优势是其他企业无法比拟的。

3. 万科的现金流

“现金为王”是万科长期以来的发展策略。早在 2004 年，万科曾制定过这样一个目标：实现 1000 亿的总体收入、100 亿的净利润和 3% 的市场份额。为此，万科积极寻求合作开发，几年之后万科就实现了预定目标。在 2004

年到2012年的7年时间里，万科实实在在地收获了真金白银，营业收入呈现出跳跃式的增长，从507亿到718亿；而在2012年则第一次突破千亿大关，销售收入达到1031亿。

伴随着万科营业收入的不断增加，万科股东的净利润也在2012年达到了126亿，第一次突破百亿大关。到2014年，万科的年营业收入高达1464亿，如此庞大的现金流，是其他企业可望而不可及的。也正是万科的现金流，让企业的资本拥有者看到了万科的巨大潜力，进而觊觎万科的股东地位。

拥有如此强大的现金流，而万科的估值和市盈率却很低，这就决定了万科如同郁亮所说的那样，在二级市场只需要花费200亿就可以买下万科。而万科的股权结构又决定了觊觎万科的“局外人”不会是少数。

王石不是万科的所有者，他只是万科的一名职业经理人；而万科分散的股权结构又让自身成为一块肥沃的无主之地，难免不被众多的“局外人”觊觎。从这个意义上讲，万科管理层受到的教训是深刻的。作为一个上市公司，创始人却对市值和股份管理过于忽视，这成为万科出现今天这种困局的直接和根本原因。而万科事件也给人们敲响了警钟，对众多的上市企业来讲，这次的股权争夺都是一次经验和教训。

万科股权之争背后有何市场必然性？

万科与宝能的股权争夺战，如果从市场经济的角度讲，其实并不复杂。宝能三次增持万科股份后，实际上已经成为万科的第一大股东，那么宝能就有权力向万科提出改组董事会的要求。但是依据法律和规则，即使宝能有这样的权力，在行使之时，还是需要通过股东大会的表决。万科为抵御宝能而与深铁联手，这样的行为也是符合资本的运作规则的。

万科股权之争未来的结果如何，我们不得而知。不过值得思考的是，万科的股权之争并非个例，在资本市场，因股权而改组董事会的企业不在少数。从这一角度讲，万科股权之争的发生是必然的，它是资本与经济发展的必然结果。

在中国进入市场经济社会之前，或者我们可以往更早的时间上推演，比如货币交换刚刚产生，还未广泛普及之时，那个时候资金有限，如果有人想要利用资金去操作什么事情是很难的，即便可以，也只能使用自己有限的资金，所以在这样的时期，是不会出现万科股权纷争这样的复杂事件的。能够在这种社会经济环境下生存的企业必然是家族式企业，企业的管理权和控制权必然掌握在特定的人或者团体手中。

随着货币交换的普及，市场经济的发展，特别是银行和信贷机构产生并参与到企业的经营当中，人们可以通过抵押的形式从这些机构获得一定的资金。在这个阶段，人们对资金的控制能力更加灵活，控制手段也有了很大提高。而这一时期的企业，也不再局限于家族式企业，不过企业的所属权和管理权依旧掌握在企业的管理者手中，但是相比前一阶段，管理者对企业的控制不再那么严格。

随着经济的继续发展，由于资产的增加和企业规模的扩大，原有的管理形式已经无法适应迅速发展的企业需求。这时候，开始有人雇佣具有管理能力的人来帮助自己经营企业，于是，管理层出现了。更确切地说，最初的管理层只是命令的执行者，并没有企业的控制权和经营权。

随着市场和资本的进一步发展，企业开始分化，出现了不同类型的公司，股份制企业就是其中之一。股票的出现，也给企业的发展注入了更多的生机和活力，它将不同的力量汇聚在一起，从而形成合力。这个时候，股票的拥有者也意味着企业份额的拥有者，而过多的散户不利于企业的决策，于是就出现了经营层，来代表这些散户为企业的发展出谋划策。所以，股份制企业就出现了。

发展到今天，股份制企业已经形成了成熟的经营管理模式，无论是管理层还是经营层，他们都是股东的代言人。从这个角度来讲，万科的股权之争是必然的，是市场和资本发展到一定程度的必然结果。宝能已经成为万科的第一大股东，而以王石为首的管理层则是万科众多股东的“管家”。但特殊的是，王石是万科最初的创始人，可以说，万科的成长和成功是与王石的努力分不开的。所以，万科与宝能的股权争夺也在所难免。

因此，从市场经济发展的历史因素来讲，万科的股权之争有其必然性。如今，我国也已经进入了市场经济社会，在这样的环境下，各种市场主体遵循公开、公平、公正的原则去发展和竞争，这是市场得以良好健康有序运行的基础。万科虽然在过去的发展当中获得了令人敬佩的成绩，但是身处市场当中，就必然要遵循市场的规则。宝能虽然在舆论的渲染下显得缺失情怀，但是在与万科争夺的过程中，它没有任何违反市场法律和规则的行为，毕竟在市场规则面前，道德批判是无法成立的。这是万科股权纷争下最值得思考的市场必然性问题。

其实，王石站在道德的角度对宝能进行批判，很大程度上源于对万科无法割舍的情怀和难以放下的担忧，但是很显然，这有违商业竞争的原则和初衷。不仅仅是经济发展这一社会因素，万科股权纷争的市场必然性还在于万科自身的股权结构设置。前文已经多次提到，万科在这次股权争夺中最直接的软肋就是股权比例极度分散。

在第一大股东华润持股只有 15% 的状态下，万科几乎 85% 的股份全部分散于众多的散户手中。在金融资本时代，金钱的获得太过容易，在过往的案例中，动辄百亿的并购比比皆是。更何况，万科对市值管理的不重视让万科的估值被拉低，万科的股价远远低于市场上其他合理的股价，每只股只有16元左右。这也就意味着，在二级市场中，要赶超第一大股东华润的持股比例，只需要 200 亿元人民币就可以。所以，万科被众多门外的“野蛮人”盯上并对它的股份实施并购，是必然会发生的事情。

围观万科这场股权争夺战，我们会发现，万科控制权争夺的背后，其实存在太多的市场竞争规则，而王石却无视规则，过于自信地认为精神和情怀能够凌驾于资本和规则之上，这也成为万科王石陷入困局的市场必然性之一。不可否认，在万科的成长中，王石将自己的精神烙印深深地镌刻在了万科发展的每一个阶段，并成就了万科优秀的企业文化。在这种精神的带动和引导下，万科成为中国房地产行业的领导者和标杆。

但也正是这样的成功，让王石太过自信，丧失了很多掌握万科实际控制权的机会。2014年，万科上半年的销售额已经突破千亿，当时股价在6元左右，如果当时启动股权回购计划，赎回 30% 的股份也不到 300 亿元人民币。但是，以王石为首的万科管理层并没有这样做，或许王石依旧在坚持他的理想主义情怀，将万科打造成一个人人持股的企业。

金融资本的天性就是追逐利益，万科管理层的主要职责，从本质上讲就是要满足金融资本的利益诉求，除此之外，还应该满足、合乎股东和员工的需求。万科自从上市之后，就为众多的投资者带来了巨大的利润回报，这是以王石为代表的万科管理层的功劳。也正是因为如此，万科与其最大的股东华润一直和平相处。但是，也恰是王石的功绩，使优秀的万科成为众多企业觊觎的目标，而王石过于自信地认为万科的精神和情怀能成为其制胜的法宝，因而错失了过往多次回购股权的机会，导致了这一次的“恶意收购”事件。实际上，无论事情发生的原因和发展的偏向如何，其背后都是资本市场发展的必然。

万科股权争夺战的价值思考

回顾万科股权争夺战的过程，我们会发现，无论自己的立场是什么，在竞争中，各方都会将股东和公司的利益作为盾牌。无论是董事会投票，还是股东大会，宝能、万科、华润都明确地表示股东的利益处于最高层面，而赞成或者反对的，出发点和归宿也都是万科的长远发展。的确，无论怎样争夺，保全万科的品牌终究是各个入局者的基本底线。

实际上，万科股权的争夺作为市场发展必然出现的一种现象，也引出了一个令人深思的问题：万科的这场股权争夺战，新力量不断入局的原因是什么？其实，这就牵扯到一个终极价值的问题。从法律的意义上讲，一个企业创建的根本目标就是创造财富，实现利益相关者的利益最大化。不过，类似万科这样的公司，由于股东有大小，在大多数情况下，不同的股东对利益的诉求也不一样，而一味地追求所有股东利益的最大化，难免会出现利益相损的情形。

所以，企业必然会顾虑更多，尤其是管理者。万科所面临的就是这样的情况，自诞生之日起，万科就必须考虑股东、业主、员工以及自身所处的环境之间的错综复杂的关系，以及各个因素之间相互牵扯的利益。在这样的情形之下，如何去创造更多的财富、让财富推动万科的基业、实现各方面利益相关者的平衡是万科得以发展的现实根本。但为了实现长远发展而将目光放长、放远，就有可能忽视或者超越企业股东或者相关利益者的短期需求。

从这一点上讲，万科股权争夺战的出现是不可避免的。各个利益相关者对自身利益的追求和保全在资本市场上无可厚非。而万科作为一家优质的房地产商，对于其他的“狩猎者”而言，在具备入主条件的前提下分一杯羹也是很自然的事情。这是万科事件中众多入局者自身企业的发展目标，也是它们得以在市场立足的终极价值。同样，从资本的角度看，万科事件的入局者不同，也说明了不同资本对不同产业的偏好。万科的优秀不可否认，“宝能系”希望借助资本市场的规则，对万科这样的优秀企业进行收购，从而在这一过程中获取最大化的利益。这是“宝能系”发起万科事件的基本目标，也是他们能够从中获得的最大价值。

另外，万科的股权争夺也说明，同资本相比，企业家依旧是推动企业发展的重要资源。过去几十年的发展中，万科的管理层与股东之间配合良好，这为万科创造了一个良好的经营环境。于是，一种良好的发展循环就此形成：企业的管理层专注于企业本身的发展，树立了中国资本市场上职业经理人群体的典范，因此也为大股东华润带来了丰厚的经济回报。而利益诉求得到满足的股东自然会对万科的管理给予肯定，不会过多参与到企业的经营决策当中，这样，万科管理层就拥有了绝对的自主性去推动万科基业的发展。

抛开股东在企业管理中的作用，万科能获得如此高的社会财富，恰好说明了企业家王石的重要性。在王石的带领下，万科的企业文化已经成熟，而王石的企业家精神也成功地转化为万科精神的内在制度。虽然在万科的股权争夺战中，王石可能会出局，但王石的企业家精神已经成为万科的血液，无法与万科分离。

所以，在万科的股权争夺中，华润作为万科 16 年的大股东，对万科管理层的能力心知肚明，它是很难将万科管理层全部清除的。而被称为“野蛮人”的“宝能系”，必然也会如此认为，王石可以出局，但万科管理层必须保留，他们是各方利益相关者的最大公约数。

在这场纷争中，我们看到资本对优质企业不遗余力追求的同时，也应深刻意识到，作为一家公众企业，在制造财富和利润的同时，万科的终极价值是什么？又该如何去平衡创始人和股东的关系？如果过于自负地置资本于不顾，抑或盲目地追捧资本，难免会混淆自身的底线和分寸，更无法逃脱被资本颠覆的命运。

由此我们可以看到，无论是参与收购万科的宝能，还是原有的股东华润，抑或万科的管理团队，他们的不同立场都代表着各自的资本利益诉求，在争夺之中他们也各自做出了对万科的承诺。但是，面对万科的困局，如果最终要给出一个圆满的答案，还需要时间的检验和长期的观察。不过无论如何，这是一场在市场的透明规则下进行的控制权竞争，是资本市场中必然会出现的一种现象。而万科事件之所以广受争议和关注，则是因为在中国的证券市场，这场战争是合理争议之下的博弈，是商业规则和企业文化的较量。

对于资本市场的基本价值而言，万科的股权战争为巩固公司的控制权竞争以及治理的优化树立了新的标杆。以王石为首的万科管理层在过去的几十年里已经证明了自己的能力，但是这并不意味着在未来他们同样可以保持和深化万科的辉煌。同样，如果宝能入主万科，我们也不能保证它可以通过万科来实现自身在地产界的宏图。正是因为如此，我们才应该重新审视万科争夺的背后，各个入局者的终极目标和价值，还有责任。只有如此，才能真正地实现这些“觊觎者”们“对万科好”的承诺和目标，才能形成一个共赢的格局。

“宝能系”为什么盯上万科？

对于万科的股权争夺事件，被王石称为“野蛮人”的宝能似乎是有备而来，从2015年的三次举牌增持，到2016年6月26日的第二次临时股东大会申请，宝能显示出了自身的实力，它的每一个举动也严谨地遵循市场规则。可以说，在万科股权的争夺战中，宝能是横空出世。事件演变至此，人们不禁会问，宝能举牌万科的意图是什么？它为什么会盯上万科呢？

从宏观上看，最根本的原因要从“宝能系”自身来讲。宝能自2000年创立以来，前期的业务发展集中于综合物业，到了2012年，宝能开始涉足保险行业，成立前海人寿保险股份有限公司，将业务范畴延伸到金融领域。前海人寿成立后，很快得到发展，成为保险界的一匹黑马，与此同时，宝能商业地产也开始在全国布局。前海人寿的成立为宝能提供了充足的资金支持，在杠杆的效力下，宝能已经具备了抢筹万科的资金底气。

而2015年，以房地产为代表的权益性资产一直被保险投资看好，截至2015年9月底，共有30家A股上市房地产企业的前十大股东名单中有保险资金身影。万科作为最成功、最具发展潜力的房地产开发商，自然会受到保险资金的关注和青睐。

这就是“宝能系”钟情万科的最大原因。而且，回顾宝能的发展，我们会发现，“宝能系”曾经举牌过的上市公司，大多数都和房地产相关。在十几年的发展中，“宝能系”的业务领域虽然涵盖多个方面，但是其核心业务就是房地产。与万科不同的是，宝能的地产业务不仅仅是住宅，还包含商业、旅游、养老等多方面的地产业务。前海人寿成立后，资金也全部投入了地产领域。

所以，不难看出宝能抢筹万科的目的。假设能够控制万科的董事会，“宝能系”就可以利用万科在全国的各个地区布局，凭借万科的品牌和形象进行资产整合。“宝能系”自身的房地产融资项目，由于各方面的原因，融资成本高，很多项目甚至超过了10%。对比之下，万科凭借着良好的信用评级，其融资成本更加低廉，不会超过5%。在2015年11月发布的《2015年度第一期和第二期中期票据发行结果公告》显示，万科发债票面的利率连4%都没有超过。

实际上，很早之前宝能就对万科如此低廉的发债票面利率开始关注。如果能够在万科内部注入“宝能系”自身的项目，依据万科不到4%的发债票面利率，在自身资产的负债率不改变的情况下，宝能的融资成本会大幅度降低。所以，如果掌握了万科的实际控制权，那么对于“宝能系”融资成本的降低将会有莫大帮助。

而且，从规范化操作的角度来看，宝能与万科的运作模式完全不同，“宝能系”属于家族企业，而万科恰好相反。万科的股权架构分散，企业的发展和运营完全依靠职业化的经理人团队去实施，而非企业的实际掌控者。在这样的模式之下，宝能通过控股权而成为万科的实际主人，将会为自身带来极大的回报率。宝能增持万科四分之一的股份，如果将这些股份转化为实际收益，那么这笔投资的净利润也将会达到12%左右。从这一点上来讲，“宝能系”的利益也将是巨大的。

所以，对“宝能系”而言，收购万科的股份，无论是从降低融资成本的方向出发，还是借助万科来扩大自身的收益，都有利可图。更何况，对万科的收购，宝能主要是通过资金杠杆和资产抵押等方式进行，而不是使用企业的自有资金。对于“宝能系”的前海人寿来讲，举牌万科无疑成为保险资金的优选，因为对中国的保险行业来讲，通过保单业务来维持业绩，企业是很难生存下去的，尤其是一些新创立的保险企业。在这样的背景下，地产行业便于保险公司进行最优化的资产配置，这也是宝能选择万科的原因之一。

除了“宝能系”自身发展的“需要”，宝能系盯上万科，与万科的企业影响和企业地位也有着巨大的关系。万科经历了几十年的发展，已经成长为先进而成熟的现代化企业，其资本控制能力及自身的发展潜力也成为行业内的领航者，可以说，万科是一家具备先进的管理运营理念和真正企业家精神的企业。万科成为一个范本，即使在混乱的股权局势下，它依然有着积极的象征意义；而宝能作为一个投资者，在寻找目标时，必然会看好万科这样的优秀企业。

当然，万科和宝能之间的争夺，也与当前的金融环境有着密不可分的关系。从资金的角度讲，资本市场上，基金的大量出现使得游资比较多。在国家对经济的宏观调控下，众多理财产品的收益不断下降，前海人寿必然要寻找更大的活力空间，而选择万科，从目前来看，宝能的资本运作方式是成功的。

此外，依据巴菲特的观点，选择正确的投资对象，包括收购一家企业，需要参照五个标准，分别是：被收购或投资的目标，其股本回报的表现如何；对方的债务状况；对方是否拥有良好的利润率和利润增长率；这家公司是否存在核心竞争力，它的产品是否是无法取代的；对方股票的折现情况如何。参照这五个标准，我们可以看出，万科的每项条件都完美地符合了巴菲特的收购标准，这应该也是“宝能系”觊觎万科的原因之一。

万科事件发展到现在，以王石为首的万科管理层已经无法通过自身的影响力来驾驭这场资本战争，多方的博弈，其最终结果终究要交给市场。但无论最终的结果如何，我们都希望，万科的品牌不会因这场战争而被摧毁。

vanke

PART 09

万科股权争夺战将如何延续？
简单外表下的复杂内幕

万科自身分散的股权结构和优秀的企业地位，让其成为众多资本争夺的目标，先后不断加入的入局者又让万科的股权争夺战争陷入更加复杂的局面。虽然事件的本质很简单，都是为了争夺万科的实际控制权，不过，在这简单的外表下，隐藏着复杂的资本操作，外加众多的入局者，万科的股权争夺战在未来的延续成为一个难解的谜。

恒大的加入，似乎成为左右整个事件的关键因素，而主流的观点认为，万科的控制权，最后很有可能落入恒大或者“宝能系”的手中。那么从万科的角度讲，恒大和宝能，谁更适合万科的发展呢?答案需要从当事者双发入主万科的最终目的来考虑。而无论从哪一方面讲，似乎恒大才是最佳的选择。

如果这样的假设成立，那么“宝能系”的命运会如何，王石的退路又在哪里?在经历了近一年的争夺,入主各方都僵持不下的情况下,各自退让一步,寻求各方共赢，应该是最圆满的结局。回归到资本的本质和万科的发展，妥协并不意味着失败。而对于王石而言，众多猜测或许都已经不再重要，因为王石退出似乎已经成了可以确定的结局，大家关注更多的是万科未来的命运。

万科在谁的手里会更耀眼?

在王石、郁亮为首的职业经理人团队的带领下，万科经历了几十年的发展，成为优秀的房地产开发企业。万科在品牌影响力、企业经营管理结构，以及业务能力等诸多方面，都是行业里的佼佼者。虽然王石当初设计的分散股权结构，为今天万科的股权之争埋下了隐患，但不可否认的是，即使身处混乱的困局，万科依然是一家优秀的房地产开发企业。

万科事件发展到今天，已经演变成了四方势力的争夺。业界和舆论的观点普遍认为，最可能的结局无非是宝能控股万科，或者恒大成为万科的第一大股东。当然，也有人认为万科的管理层可能会再度与华润联合，对抗宝能，但因恒大的介入，这种可能性的实现变得很小。那么，抛开华润和万科的管理层，单就宝能与恒大来讲，二者哪一方控股万科，对万科、对市场的影响更具有积极的正面意义呢?

先从宝能的角度来讲。我们都知道，宝能地产、前海人寿和钜盛华投资共同构成了“宝能系”，“宝能系”通过在资本市场的搏杀，在举牌万科之前也具备了相对强大的实力。早在2014年，“宝能系”就曾试图入局深振业和天健集团，这两家同样也是房地产企业，不过最终因为不敌深振业和天健集团的大股东而失败。

接下来，“宝能系”在2015年三次举牌万科，一举成为万科的第一大股东，可见“宝能系”对资本市场的地产企业情有独钟。如果万科股权争夺事件最终的结局是“宝能系”顺利上位，获得万科的实际控制权，那么，万科将会受到怎样的影响呢？

对此，或许可以从过往被以这种模式收购的企业最终的结局中参见一二。以同为深圳的企业深圳航空为例，深圳航空成立于1992年，自成立开始连续十几年盈利，快速成长为一家非常优秀的企业，赢得了社会上的广泛赞誉。2005年，一家名不见经传的投资公司，通过违法借用新华人寿的27亿资金收购了深圳航空。当时深圳航空被收购的事件惊动了海内外。而被收购后，由于收购资金属于挪用保险资金，深圳航空的资产最终被掏空、转移，同时还背负了巨额债务，一家优秀的企业因此被摧毁。

当然，就万科事件而言，“宝能系”对万科的收购，其资金来源是合乎法律的，收购程序也完全符合资本市场运作的规则，这一点与深圳航空收购案有本质区别。而且，“宝能系”对万科的收购，对资本市场也具有一定的积极意义，这一点也不能忽视。但是单单就万科的命运而言，就如同王石所说的那样，万科最大的价值，是经历几十年的发展而积淀下来的文化、品牌和信誉，而不是万科有多少土地。如今宝能对万科进行“恶意收购”，却无法容纳万科的管理层，对于万科而言，这样的收购是毫无价值的。

宝能应该明白，谁管理万科才会对万科的发展真正有利。但宝能显然不是为了万科更好地成长和发展。或许，控股万科，再对万科进行拆分，才是宝能举牌万科的真实目的。即便不是，宝能依旧无法容纳万科的管理层，那么“宝能系”控股万科也必然会重新改组董事会、重新选择职业经理人团队。万科失去了王石，未必会走向没落，但是万科的文化可能会就此中断。况且，如果新的管理团队没有更强的经营管理能力，那么万科必然会走向失败，中国也会因此失去一家优秀的企业。

再看看恒大的入局。同“宝能系”一样，恒大举牌万科让市场再度意识到这种新型的资本运作模式的价值。而许家印入局万科的目的，最大的可能也是在万科的董事会谋求一个席位，这种猜测在恒大的回应中也得到了印证。与宝能相比，恒大控股万科似乎存在更大的优势，毕竟恒大的各方面实力与万科不相上下，它有着强大的成本控制和规模开发能力，从正面意义上讲，这一点对万科的业绩有着积极的促进作用。

另外，如果两家企业进行整合，也必然会达到资源配置的最优化。相比之下，“宝能系”即使真心致力于万科的成长，由于其在地产领域的业务并不出色，也很难为万科的长远发展提供有力支撑。当然，恒大说出这些理由的最终目的也无非是想通过控股万科，并借助自身的实力影响万科的发展，毕竟联系恒大在资本市场的布局，我们不难看出恒大的意图。联手万科，就意味着与行业内的第一联合，而如果能够介入到万科的经营当中，将会更加有利于恒大的发展。不过，也并不排除恒大入局万科，是为了让万科股权争夺战的僵持局面得以缓解，进而结束。

而对万科来讲，董事会重组已经成为必然，引入深铁已经没有希望，即使华润再度成为万科的第一大股东，万科的管理层也不会再如过去一样掌控万科的实际控制权。更何况，以当前的局势来讲，宝能或者恒大控股万科的可能性更大。对比之下，恒大控股对万科更有利，如果将万科与恒大的地产资源相加，那么二者共同的年收入将会达到 6000 亿。

两家同为世界 500 强的企业，本来差别就不大，而且以恒大的发展速度，它与万科的差距正在逐年缩小。2015 年，恒大的规模是 2000 亿左右，仅仅落后于万科，比万科的规模少 600 亿；而 2016 年上半年，二者之间的差距缩小到只有 200 亿左右，这也就意味着，到 2016 年年底，恒大将有可能赶超万科，成为行业第一。

所以，以恒大的规模和实力，如果寻求与万科合作，对万科进行必要的重组或者整合，万科拒绝的可能性是很小的。而且有“宝能系”这个对比，相信万科会更倾向于选择恒大。况且，当前恒大的强项是强大的土地储备资源，在全国 160 多个城市和地区都有大量的土地储备，而这一点，恰好是万科的劣势。因此，如果万科与恒大强强联合，不仅对恒大有利，对万科的发展也将有非常大的助益。

此外，恒大自身已经具备了成熟而完备的经营模式及项目流程，如果控股万科，恒大或许不会再接纳王石，但是也不会全部取缔，而是会保留原有的管理团队。这一点，对保留万科原有的企业文化和品牌价值来讲，将是宝能无法达到的。如果恒大加入，与万科进行组合，二者在房地产领域催生出行业的巨无霸也是很有可能的，对于万科来讲，这也是一个更为圆满的结局。

宝能不排除转让股权的可能

2016年7月19日，万科将一份名为《关于提请查处钜盛华及其控制的相关资管计划违法违规行为的报告》提交至监管部门。在这份报告中，万科揭秘当前宝能资管计划的浮亏已经达到了30亿。宝能2015年三次举牌万科，其资金来源主要分为几部分：首先是前海人寿的保险资金，第二部分是宝能系旗下的钜盛华公司联合证券公司的杠杆资金；第三部分是联合银行理财资金成立资管计划。

万科A复牌之后，股价持续低迷，对于宝能来讲，如果万科A继续发生断崖式的下跌，那么“宝能系”的资金就会面临断裂的风险。在恒大入股万科前，宝能系所购入万科的资管计划一共有9个，而万科A复牌后股价持续下跌，已经致使宝能系的7个资管计划被套牢。在这样的局势下，宝能寻求银行的合作基本上已经不再可能，因为银行受宝能与万科股权争夺事件的影响，其风险也将向信用风险转移，所以出于自身考虑，银行更多的是要寻机会安全撤离。

至此，一个问题出现了，即“宝能系”的资金承受能力到底有多大？在保监会公布2016年人保数据之前，这一直是个谜。保监会公布的2016年上半年的年度数据显示，宝能旗下的前海人寿排名全国第12，半年度的保费规模达593亿元人民币，净利润接近63亿。这样的数据意味着前海人寿在行业内已经成为较为成熟的保险企业，而2016年第二季度的数据也显示，无论是资产、偿付能力还是风险控制等指标，前海人寿的数据都表现不错。

不过，这些数据并不等同于其投资能力。虽然前海人寿在资本市场上还有多宗投资，但是“宝能系”能否通过自身的实力去撬动价值超过2200亿的万科，还是一个被关注的问题。即使依靠杠杆，宝能的9大资管计划还是引发了一场监管风暴。针对万科《关于提请查处钜盛华及其控制的相关资管计划违法违规行为的报告》的举报，监管部门出台了一套新的资管业务新规定，对宝能来讲，新规定中致命的一项是：“针对券商资管、基金子公司等资管机构所发行的资管计划，资金杠杆比例必须由原来的高杠杆大幅下调，具体是权益类的杠杆下调至1:1。”这就意味着，宝能能够撬动的资金量将会大幅度缩水。

“宝能系”持有万科25%的股份，这当中的40%是通过资管计划买入的。而宝能资管计划的杠杆比例是1:2。根据新规，宝能的资管计划是否会受到影响目前还不知晓，但是存在风险是必然的，而且，也已经有两家上市公司的持股计划因杠杆比例的下调而被迫取消。“宝能系”的9大资管计划所持万科股份占万科总股本的10%，若万科的股价再度下跌，加上新出台的资管新规，那么宝能的资管计划无疑会成为一颗定时炸弹，而宝能的应对之法也只有不断地去补充后级资金。

在三次增持中，宝能通过资管计划投入的资金总额为236.25亿元人民币，如果下调至1:1，意味着宝能需要补仓近80亿元。这个数字对宝能来说，应该是一个较难达到的数目。而如果需要预留近80亿的补仓资金，宝能进一步增持万科的难度系数也会增大。况且，一般情况下，资产管理计划的净值如果突破最低线，就需要在规定的时间内追加资金，否则就会面临平仓或者减仓的风险。也就是说，如果万科A的股价下跌到各个资管计划的平仓线，那么投资者就会被强制平仓止损。

在这样的前提下，如果华润、安邦甚至万科的事业合伙人开始抛售万科的股份，那么万科 A 的股价将很可能下跌到“宝能系”各个资管计划的警戒线和平仓线。而钜盛华作为劣后级的委托人，也将面临巨大损失，如果被强制平仓止损，对“宝能系”来说无疑是更为巨大的损失。这就很好地解释了为何万科 A 复牌后股价的低迷让“宝能系”面临爆仓的风险，也解释了为何恒大加入之前，在万科的股票持续下跌的情况下“宝能系”没有继续增持，而是选择按兵不动。

恒大的入局在客观上帮助了宝能，解决了“宝能系”面临的爆仓困局。2016 年 8 月 4 日，恒大的增持让万科 A 再度涨停，接下来的几天也依旧维持着强势的状态，从这一点上来说，恒大对宝能的帮助效果是立竿见影。不过，虽然恒大的加入让宝能度过了一次困局，但并不能保证宝能在未来还会如此“幸运”。况且，万科的股权争夺战发展到现在，各方势力的加入也逐渐让整个局势由扑朔迷离到渐渐明朗。当下，再度争夺已经不适合，互不相让必然会导致多方受伤，只有寻求多方共赢，才是解决这一事件的最好办法。

所以，从宝能的角度讲，万科事件如何延续下去，是需要慎重考虑的问题。一方面，“宝能系”资管计划所面临的困境让自身无法继续增持万科的股份。虽然因为深铁事件，华润和万科的管理层出现裂痕，华润与宝能一起站到了万科管理层的对立面，但事实上，华润与宝能并非站在同一条战线。在 2016 年的两会期间，华润就表示过支持万科的发展，宝能对万科管理层的罢免提案也没有得到华润的支持。实际上，早在宝能举牌万科之际，华润就曾阻止过宝能，按照华生的说法，华润的真正目的是逼退宝能，再度控股万科。

对此，双方否认存在一致行动人这一点也可以得到印证。那么，如果最终华润与以王石为首的万科管理团队再度联合，加上安邦的股份，他们用超过 30% 的持股比例逼退宝能是完全可能的。所以，恒大 6% 以上的持股比例，对于宝能来讲就显得很重要了。如果想要对抗王石与华润可能存在的联手，宝能必然要拉拢恒大，而恒大在宝能资金方面骑虎难下的时候亮相，或许有着更多的深意。恒大入局万科，无论从哪一种角度讲，它都将成为最大的获利者。到 8 月 16 日，恒大所持万科股份的浮盈已经接近 79 亿元。因为恒大的介入，宝能的持股浮盈也超过了 320 亿元。

如今，宝能和恒大的关系也开始变得微妙，外界也曾传出恒大与宝能接触的消息，但虚实尚无定论。不过可以肯定的是，恒大的加入彻底引爆了资本市场的疯狂，作为万科第三大股东，恒大的持股比例仅次于宝能和华润。对恒大来讲，既然介入万科的股权之争，许家印应该不会是单纯地为了几十亿的浮盈，最终控股万科或许才是恒大的终极目标。万科现在流通的股份已经低于 25%，通过二级市场增持万科股份并控股万科几乎不再可能，在这样的背景下，寻求与现有股东合作，对恒大来说是一个不错的选择，而宝能极有可能成为恒大的第一个交易对象。

从另一方面讲，宝能将一部分股份转让给恒大并与恒大合作，不但解决了资金链的困境，同时可以和恒大形成联盟，共同对抗华润与万科管理层。对宝能来讲，这或许也是不错的结局。

恒大、万科合并的猜想

恒大正式加入万科股权争夺战的时候，它就已经成为左右万科局势的关键因素。而经此一役，万科与恒大的交集也在所难免。对于恒大入局万科的真实意图，外界存在许多猜测，许家印是否存在控股万科的野心，相信大多数人的答案都是肯定的。参与到万科的股权争夺战当中，进而整合万科，相信这也是恒大一直以来的目标。

近两年来，恒大的业绩一直很突出，颇有超越万科之势。虽然恒大的相关负责人向外界表示，买入万科的股份只是一项单纯的财务投资，但是参照许家印过往的行事风格，入主万科绝非如恒大表述的那样简单。更何况，成为某一个行业之内的第一，一直是众多企业的目标和理想，恒大自然也不例外。而通过十几年的发展，虽然在中国的房地产领域，恒大一直位列第二或者第三，但是在某些领域之内，恒大已经超过了万科。在万宝争夺之前，恒大就曾经与华润接触，希望通过华润洽购万科的股份，从这一点上来看，恒大对万科的野心之大可见一斑。

当下，恒大的种种迹象表明，在市场管理层对跨界并购重组越来越重视的情况下，未来这种趋势必将会成为企业发展和生存的主流，而恒大的出手就是这一导向的践行者。若恒大的真正目的确实是合并万科，那么以许家印的行事风格，恒大必然会竭尽全力去实现这一目标。

中国的房地产领域，一直是群雄逐鹿的景象，现在以及未来的竞争也必然会趋向于白热化，互联网的兴起更是让众多地产企业的竞争者异军突起。面对强大的竞争压力，如果地产领域的强者能够组成联盟，对于危机的应对也会有很大的积极作用，而这也是人们看好万科与恒大合并的重要原因之一。

与恒大相比，万科的优势在于自身项目和产品的质量，企业的标准化管理和低成本的融资。而恒大的优势则在于自身强大的土地储备，这一点恰好也是万科所缺少的。从这一点来讲，两家企业的合并会形成互补效应，对双方而言是双赢。

此外，万科股权争夺战发展到今天，入局各方一直僵持不下，如果恒大通过与万科的合并结束这场混战，或许更是一个有益的举措。当前万科股价因各方争夺而出现极不稳定的态势，如果恒大的加入能够结束这场战争，就可以稳定股价，保护中小股民的利益，而且恒大强大的自身实力和成本规模控制的优势，也将有效地促进万科的经营业绩。万科与恒大两强联合、整合，对市场来讲，也能够达到资源的优化配置，从而为市场和用户提供更加优质的产品和服务。

对于万科股权争夺战的众多入局者而言，在僵持的局势下，任何一方都在力求自身利益最大化。可如果一方寻求利益最优，必然会导致其他方的利益受损。比如宝能，如果宝能强行控股万科，那么宝能必然会要求王石或者万科的管理层出局，对于万科的发展来讲，这样的结局会让万科的品牌受损，而其他股东，以及市场上众多的万科散户投资者也会因此遭受利益损失。

所以，恒大与万科合并，其他各方都让一步，或许成为一种次优选择。对于宝能来说，如果万科与恒大二者强强联合，那么万科股票的价值必然会在两家企业优势互补之下提升，宝能投资万科的股票也会因此而升值，这对于宝能的保险资金来讲是绝对的安全保障。而对于华润，华润参与万科股权争夺战的目的是再次控股万科，而不是整合万科，那么恒大与万科的联合对华润来讲并不构成利益上的损害。凭借恒大的声誉，华润的利益很可能会在未来持续增加。

此外，对万科的管理层而言，恒大的贸然杀入，在万科管理层看来或许并不是一件令人愉快的事情，不过资本的竞争就是如此，恒大如此做也不足为奇。况且，与宝能相比，恒大对万科的发展更为有利，宝能因为在地产领域的能力有限，接手万科，很难成为万科成长和长远发展的支撑。而恒大不同，恒大无论是各方面的能力还是业绩，或者规模及管理水平，都与万科不相上下，在这样的形势之下，恒大寻求与万科的整合，对万科似乎也是最好的结局。

因为众多的资本破门而入，万科已经无法自由地主宰自己的命运了。恒大加入并掌握整个万科事件的话语权之后，对于各方入局者来讲，许家印成了左右万科事件走向的关键人物。

不过，虽然恒大与万科合并是大众普遍认为的最好结局，但对于事件的当事双方来讲，实际操作起来却并不容易。恒大和万科都是中国地产领域数一数二的企业，它们的年销售规模都超过了千亿元，而两家公司的经验管理模式、企业文化等方面也存在着巨大差异。而且，目前恒大所持有的万科股权不超过7%，若要达到合并万科的要求，后续必然会承担巨额的资金成本。虽然对于恒大来讲，资金并非太大的问题，但目前二级市场流通的万科股份已经不到30%，恒大如果想通过二级市场增持万科的股份，必然会面临重重困难。

即使资本运作最终成功，两家企业的后续整合也存在很大的障碍。除了巨大的管理和文化差异，两家企业都是市场上成熟的地产公司，如何在各自已经完善的自有流程下找寻合作的共同点，是二者需要考虑的最现实的问题。

当然，恒大整合万科毕竟只是一种大胆的猜想，猜想和做到之间还有很长的距离。而且，恒大与万科的合并还存在着巨大的障碍。

首先就是华润。从入股万科开始，华润一直是万科的第一大股东，并与万科保持着良好的关系。在华润担任万科第一大股东的十几年里，万科的实际控制权一直由万科的管理团队掌控。而万科与宝能的股权争夺战，让华润有了除财务投资外的控制万科的机会，所以，华润似乎很难放弃和收手。

而且，从华润二次控股万科可以看出，华润的目的就是争夺万科的实际控制权。在傅育宁主持华润时期，面对房地产行业整合的时代背景，掌控万科、成为万科最大的股东，一直也是华润追求的。在2015年，媒体就曾指出，许家印曾经有意从华润手中购买万科的股份，虽然这则消息最终被恒大否认，但不容置疑的是，华润从未想过放手万科。

还有宝能。宝能入主万科并非像华润一样简单，控股万科、拆分万科似乎是宝能真正的目标。在万科事件当中，宝能所扮演的角色是最为重要的。万科复牌后，宝能一度面临爆仓危机，许家印和恒大的入局无疑从客观上给宝能提供了得以缓和的机会。虽然宝能不排除将部分万科股权转让的可能，但是如果宝能想要“名利双收”，那么它最终不会将股权让渡给恒大。

此外，安邦也是万科和恒大合并的阻碍之一。尽管在万科的股权争夺战中，安邦一直处于相对中立而缄默的状态，但是安邦的力量也不容忽视。在2015年年末，安邦曾经发表声明，表示支持万科的发展，支持万科的管理层。对于恒大的加入，如果万科管理层不同意恒大的整合，作为支持万科发展的安邦，会不会站到万科管理层的队伍，也是一个很难说的事情。

所以，恒大与万科整合、合并的难度，要远远大于期望者的预期。行业第一与行业第二两个企业之间的合并，在中国市场的其他领域确实有过先例，只是将这一任务放到万科与恒大身上，最终的完成还存在很多的障碍和困难。毕竟这是两家风格迥异的企业之间的整合。即便恒大成为万科的第一大股东，它将万科的体系纳入到恒大的可能性也不大；纵使最终会成功，那么万科也将不再是原来的万科。所以，在理论上想象的完美结果，还需要经历无数的博弈，而万科最终的结局如何，依旧还是一个很大的悬念。

万丰系、中城，王石该何去何从？

在 2016 年 8 月 22 日举行的万科半年业绩大会上，万科管理层集体亮相，不过，这次股权争夺事件的核心人物王石和郁亮却没有出席。而这个将近一小时的业绩会，更像是万科管理层的“诉苦会”，半年来万科大幅度增长的业绩被一笔带过，剩下的时间都是在说明这次股权争夺事件对万科的影响。

当被问及万科管理层对未来的展望，他们似乎意有所指，表示在未来如果确实发生让万科管理层难以独立解决和克服的困难，那么公众自然会帮助万科渡过难关。不过在信息时代，站在以王石为首的万科管理层的角度来看，股权的争夺是一种必然，但你死我活未必是最好的结局。

毕竟，这一事件有太多的入局者。对于华润来讲，王石似乎已经不再值得信任。万科当时在 A 股市场停牌，没有告知第一大股东华润，更没有召开董事会，这是万科与华润关系当中的一项重大失误，也是失去华润信任的原因之一。而在王石看来，华润是否值得依靠和信任，也成为一个未知数。通过双方的一系列举动可以发现，万科与华润的关系已经改变。

因此，王石在朋友圈发文影射华润的不近人情。而就在王石刚刚发出自己的“心声”之际，宝能又提出召开临时股东大会，并以第一大股东的身份，要求改组董事会。从中我们可以看出，在宝能的选项中，万科的管理层，尤其是王石，已经成为必须出局的人。

万科事件演变至今，管理层的变动必然会影响万科投资者的态度。虽然恒大一直在增持万科的股份，但是从数据上看，从 2015 年 12 月开始，投资顾问和基金所持有的万科 A 股就一直在下降，已经从 19% 下降到了 7%。此外，众多的投资集团也开始相继减持或者清空万科的股票。

Frank Tian，香港安本的投资经理，在万科 2016 年 7 月 4 日复牌之后就抛空了万科所有的股票。此外，香港投资公司惠理集团也开始减持万科的股份，在惠理集团的持仓中，万科 A 已经处于前五名之后。在这样的形势之下，面对股权争夺下的困境，以王石为首的万科管理层该何去何从？如果离开万科，他们的退路又会在哪里？

而就在外界不断猜测时，一则万科的收购信息让公众的目光再次转向王石。2016 年 8 月 21 日，万科 H 公告称，美国黑石集团名下的一家商业地产公司印力集团超过 96% 的股权被万科收购。这一信息被确认后，王石团队借助印力集团再造一个万科，为自己在股权争夺战中的失败找好退路的猜测一度成为主流。

此前，万科收购印力就曾被匿名举报，但遭到万科否认。如今这一消息被坐实，似乎印证了人们的猜测，毕竟在宝能和华润的反对下，万科管理层引入深铁的计划基本已经很难实施。而印力集团被万科收购的消息对公众来讲，的确让万科管理层的去向有了新的路径。

不过，对于“再造一个万科”的观点，万科高层很快就出来澄清。执行副总裁张旭表示，即使不存在万科股权争夺的事件，收购印力集团的计划也会实施，因为这是万科 10 年战略规划中的一部分，而且万科与黑石的合作不涉及任何股权之争。张旭还表示，与印力集团合作，是因为万科对印力出色的商业运营能力表示钦佩，在未来的几年中，为了万科的轻资产化运营，万科还会陆续引进其他合作者。

然而，万科的单方面澄清，作用并不大，王石借助印力集团背水一战的猜想依旧存在。在不绝于耳的猜测声中，8 月 22 日的万科年中业绩发布会过后没几天，万科管理层背后浮出了一个更大的帝国——上海万丰资产管理有限公司（下文称“万丰系”）。

事件的经过是这样的：2016 年 8 月 24 日，万科向鹏金所注资 3 亿元，成为鹏金所最大的股东。至此，万科已经具备了 4 个资产管理计划。而在万科的这 4 个资管计划的背后，有一个神秘的身份，这就是“万丰系”。“万丰系”不仅在体系上分离出了一个独立的事业管理人机制，而且在资产运作方面也是完全独立的。

而对于万丰与万科的关系，万科的董事表示，万丰与万科在企业股资产管理中心是 100% 相互持股，除此之外，二者没有直接的归属关系，上海万丰拥有独立的决策权和管理权。虽然万科这样表示，实际上，“万丰系”的各个方面都与万科有着极为密切的关系。以“万丰系”的主体——上海万丰资产管理有限公司为例，上海万丰在 1999 年成立之初，其法人和投资股东都是来自万科的工会委员会（2014 年更名为“万科企业股中心”），上海万丰的资产也一直被其所控制。而被万科控股的上海万丰又成为“万科企业股中心”的唯一股东，因此二者相互 100% 持股。

实际上，早在 2015 年，深交所就曾向万科发出询函，询问金鹏、德赢资管计划是否互为一致行动人，这份询函被万科否认。但是后来的信息显示，深圳市梅沙资产投资中心是德赢资管计划的委托人，而深圳市梅沙资产投资中心的合伙人就是万科企业股中心，深圳市梅沙资产投资中心的普通合伙人则是上海万丰。

除了德赢资管计划，还有金鹏资管计划。盈安合伙是金鹏资管计划的主导公司，盈安合伙有一个合伙人——深圳市盈安财务顾问有限公司，它背后的大股东也是上海万丰。此外，还有一个公司——华能贵诚信托有限公司，也是万丰资产和万科事业合伙人共同参与的公司。从中可以看出，万科各个资管计划背后合伙人的主导公司，最终都指向了万丰。

对此，市场认为："万丰系"与万科资管计划的复杂关系，实际是以王石为首的万科管理团队在自身的管理体系之上，通过资产运作而分离出来的一个事业合伙人机制——一个完全独立的"万丰系"。"万丰系"在万科管理层的主导下，进行隐形运作长达 17 年，实际上，这就是王石以及万科管理层的职业经理人团队的退路。

除了"万丰系"，新三板上一家名为"中城投资"的企业也与万科有着耐人寻味的关系。这家公司的最大股东就是万科，王石是第一任董事长，而且，这家企业的股权结构设计与万科极其相似，股权分散，由 55 家公司共同持有。

从印力集团到"万丰系"，再到"中城投资"，这些企业的背后，都指向了一个共同的目标——万科，而这也让它们被猜测为王石的退路。不过具体情况如何，至今还未可知。除此之外，对于王石和万科管理层退路的猜测还有很多。在资本不断变革的时代，或许任何的一项转变都可能成为转机。在过去，基业长青是众多企业家的追求目标，但是在信息迅速变化的时代，基业未必能够长青，于众多的挑战与困境中勇于突破、抓住新的机会，似乎更有意义。

所以，对王石来讲，对万科管理层来讲，凭借着对商业本质的洞察，借助万科股权事件的经验积累，通过变卖股权再度创业，在当下的时代也没有那么难。无论上述企业是否是王石的退路，也无论万科的管理团队是坚守还是撤退，再一次创造传奇也并非不可能。退一步讲，即使王石无意于房地产领域，而专注于其他的领域，例如投资或社会活动，其资产的实现也许会更多。

vanke

PART 10

万科股权之争的功与过

生死存亡之下谁来担责？

万科“股权大战”的发展是行业内外普遍关注的问题，其事态发展的走向涉及公司制度、管理层运营、中小投资者的保护、资本市场监督、公司内部信息披露制度、杠杆并购，以及国企改革等多方面的问题，牵扯到的内容有市场与监管、国企与民企、政府与市场、管理层与各大股东的关系界定。各界人士都希望能够从万科股权纷争的结局中获取这些相关问题的答案，或者把此次事件作为前车之鉴。

这是一场资本的战争，万科遭此变数，收购方与万科本身都需承担一定的责任。股权大战源起于“敌意收购”，而对于万科这样的房地产龙头企业来说，遇到“敌意收购”并不是一件好事，所以万科管理层开始反击。几个回合下来，万科管理层在“敌军”宝能强悍、“友军”华润倒戈的情况下渐处劣势，而“外援”深铁迟迟不到，更是加剧了危机。

倘若万科不幸脱离管理层的管制，落入收购者手中，它或许可以适应新的管理方式进而恢复如常；又或许“水土不服”，从此一蹶不振，走向灰飞烟灭。在这样的生死存亡之际，谁又该承担相应的责任？这场震惊商界的持久战到底会以什么样的形式收局？

万科股权乱局究竟谁之过?

“股权之争”发展到今天，万科集团很受伤，其所面临的损失除了明面上可以估计的市值，企业的品牌形象和客户的信任心理都间接受到了影响，潜在损失更是无法估量。

一个巴掌拍不响，饱受“战争”之苦的并非只是万科一方，所有参与“股权大战”的企业皆受到了影响。“万科股权”就像一个神秘的旋涡，随着事态的发展，把越来越多的企业卷了进去，所有的企业都憧憬着可以透过这层旋涡看到代表“利益”的“财富山”。令所有人没有想到的是，这个旋涡转得越来越快，最后演变成了龙卷风，被抛到空中的企业别说去看“财富山”，就连能否保证自己安全着陆都成了问题。那么，谁又该为这样的局面承担责任呢?

1. 被动高调引来“野蛮人”敲门

2013 年下半年，楼市发展不景气，使得房地产股价市场低迷。万科却在这样的大环境中见招拆招，几度沉浮，终于实现逆向发展，引起业内惊叹。而一旁默不作声的宝能在惊叹之余，也看到了万科这块“肥肉”的投资价值。于是，一个厚积薄发的项目悄然开展。

地产股市低迷，万科 A 股也持续下跌，到 2014 年 2 月 26 日竟低到了 5.98 元每股。面对这样的情况，万科没有按照常规的做法进行“开源、节流”，实行减薪甚至裁员，而是首次推出了高比例分红方案，分红比例从 15% 一跃达到 30%。

万科所做的是传统企业，但是新时代的到来使得万科不得不接触新规则，体验新工具。于是，郁亮带领万科团队逐一拜访以阿里、小米、腾讯等为代表的互联网巨头，并且开始在转型的道路上艰苦探索。

虽然万科推出了高分红策略，并且不断推出新概念，但是在市场大环境的影响下，万科的股价还是跌到了历史最低。对此，万科管理层也很着急。时至 2015 年 6 月，也就是万科股权大战前夕，万科协同盈安合伙开启了股票回购计划。但是宝能自 2015 年年初就开启了万科股份的买入活动，到了 7 月，宝能已经持有万科 5% 的股份。而此时，万科才真正发现宝能的“秘密活动”，仓促应战显然有些措手不及。宝能的意图被曝光后，其行为更加无所顾忌，持续举牌万科，大刀阔斧地增持股份，最后出乎所有人意料地取代华润坐上了万科第一大股东的宝座。

面对宝能的不断增持，万科也不得不面对门口的“野蛮人”。2014 年的春天，郁亮曾经对“野蛮人”进行过解读，认为门口出现“野蛮人”的企业往往都有一些共同特征：一是股票非常便宜；二是有着雄厚的资金实力及价值潜力；三是能够让自己的企业发展得有声有色；四是没有去充分发掘自己的资源与价值。

眼看第一大股东的位置被抢走了，华润奋起直追，耗资 5 亿重新夺回第一大股东的位子。然而宝能却在之后不断增持万科，在对战华润的战场上，宝能最终又扳回了一局。这使得万科 A 不得不于高位停牌，“万宝之争”由此打响。

挑起此次股权大战的是意欲收购万科的“宝能系”。宝能为了达到目的，可以说是“蓄谋已久”。宝能或许想过成为万科的大股东，却很少想过能够超越华润成为第一大股东。当宝能发现通过不断增持，自己对万科的掌控权变得越来越大，于是开始发动“宝能系”买入万科股权，夺下了万科第一大股东的席位，却也引得各路势力纷纷聚集，导致万科成了一个没有硝烟却充满火药味的战场。

2. 前车之鉴却没能敲醒股权分散

22 年前的“君万之争”至今仍历历在目。2014 年，万科推出了一项合伙人制度，意在达成一种“背靠背”的信任，并由此建立起一座“防火墙”。但是千防万防，还是没能阻挡敌意收购，其中的缘由值得我们深入解析。

万科模式一直是万科管理层引以为傲的运营方式，王石作为职业经理人也开创了这一领域的文化。王石把万科的成功看作万科模式的功劳，并且万科模式在股票还没有普及的情况下就已经让万科成功上市。

万科凭借最高的信用级别，以及第一大股东央企华润的撑腰，在地产领域融资很少遇到阻碍。这样的先天优势使得万科管理层把更多的精力放在了产品、品牌和服务上，从而迅速发展成为行业内的领军企业。但是万科模式存在很强的可复制性，众多相关企业也开始纷纷效仿，一时之间，市场上出现了众多“万科复制品”，万科的优势反而被慢慢稀释掉了。

随着市场竞争的不断加强，风险也在逐步升级，地产业开始进入并购整合时代，万科模式是时候进行一番改变了。在这个关键时刻，万科意识到了人才的重要性，对企业资源来说，最稀缺而又最重要的便是人才。

虽然具备了人才优势，但万科的现有模式仍然暴露出了弊端，其独有的职业经理人制度却形成了管理层激励机制不足的缺陷，这也成为万科实施另一项制度——事业合伙人计划的根本原因。

虽然有过“君万之争”的前车之鉴，还有预见性的“防火墙”措施事业合伙人计划作为保证，但是万科仍然没有改变自身模式中股权分散的形式；又因为万科股东的监管缺位，“内部控制”的说法招致了大量猜忌，使得万科设置的护盾壁垒在很大程度上不攻自破。股权分散导致股价被长期低估，这才招致“野蛮人”敲门。

3.“捡漏王”的翻云覆雨

恒大这个万科股权之争中的“新面孔”，却有着令人吃惊的行业“野心”。就在万科股权之争接近尾声的时候，恒大出人意料地突然举牌，将原有的格局，以及预想好的结局都打乱了。

2016年以来，恒大一直活跃在资本市场，尤其是最后关头举牌万科，使其迅速闯入公众视野。8月9日，恒大成为首个公布年销售目标为3000亿元的房地产企业，在不断膨胀的业绩量中，恒大的“野心”也显露无余。许家印在创立恒大之初就曾放言：要超越万科，成为房地产企业龙头。如今，他的野心冲刺开始了。

恒大在举牌万科之前做了很多前期准备，最明显的便是在A股资本市场大肆收购，在房地产项目中不断增持。同时，恒大集团旗下的公司在A股资本市场中也表现活跃。2016年上市公司一季度的财报显示，恒大旗下的恒大人寿合计现身9只股票前十大流通股东榜，其中就有6只股票为房地产建筑行业。

恒大以半路杀出的姿态出现在公众面前的行为已经不是第一次了。早在2011年，恒大就曾举牌深圳建设。而那一次的突袭使得恒大获得了深圳建设集团71%的股权，自此便拉开了进军深圳的帷幕。面对土地稀缺的市场情况，以此种方式获取土地资源倒也不失为一种捷径。资源在手，扩大规模便是早晚的事。但恒大在深圳的风生水起是否也能在万科身上获得同样的效果呢？

对于恒大此次的突袭搅局，业内人士称，若非恒大表现出了吃定“老大”万科的野心，市场倒是很难发现恒大的蛰伏行动。作为同策咨询研究部总监的张宏伟，曾对恒大举牌万科表达出这样的观点：恒大举牌万科的时间点非常微妙，从一个侧面来看，除了要在乱局中获取利益之外，恒大意在为“万宝之争”制造更多的麻烦，毕竟恒大的最终目标是超越万科，它总要为这个目标争取尽可能多的时间。

恒大展现出了资金实力，它以这种方式突袭万科，也是在为自己的目的服务，只不过达成目的手段给外界的感觉好像是“唯恐天下不乱”。

4.“感性”与“理性”的失衡

在为人处世中，为人需要感性，处事则需要理性。人是有感情的，所以管理要感性与理性并存；而企业是一个组织，管理更要偏重理性。王石是一个感性的人，所以在企业管理的过程中，他投入了太多的感性。

王石总是充满自信，但这同时也助长了一些自傲的气焰。与姚振华长达五个小时的恳谈，最后却被他归结成一句话：万科不欢迎宝能。为什么？因为宝能的信用度不配与万科合作。这样的态度足以激怒宝能。或许宝能一开始并没有想做得这么绝，但是既然你“不仁”，我又何必讲“道义”？商海中，与良好的人际关系相比，能力或许都是次要的，企业家若是容易得罪他人，不仅很难拥有朋友，一旦遭遇“风雨”，便会面临“墙倒众人推”的局面。因为这一点，王石把万科推到了“战争”边缘。

王石还是一位理想主义者，他坚信在中国无法做到名利双收，于是他选择了名。这本是个人情怀，原也无可厚非。但是对于把万科完全交给整个管理团队的做法，朗诗集团董事长田明却不以为然。田明认为，作为一名创业者，需要完成的任务有两个：一是成功创立自己的企业，二是为企业奠定良好的产权基础，深入贯彻企业的机制。显然，第二个任务王石并没有完成。

在产权层面，王石可谓是万科股权大战的间接推动者，这要归因于万科的股权分散制度。万科的管理层也曾多次提出改变股权分散的制度，形成管理层持股，但王石一意孤行，执意不改。为此，曾经的万科高层、现为阳光100首席运营官的林少洲曾与王石争论4次有余。

打江山容易守江山难。创业或许是一个艰辛的过程，但守业却是一个时刻铭记艰辛的过程。攘外必先安内，管理者在盯紧竞争对手，为企业建设好防御外敌的“防火墙”的同时，也要不断完善企业的内部系统。当然，时刻保持理性的头脑也是非常重要的。

万科的股权之争，有利益驱使下的外部势力强行入侵，也有自身管理上的制度漏洞，当然还有管理者个人管理方式的问题。而这些“战争”的推动者们，到底谁才是最终的赢家呢?

深度解析：资本博弈谁能笑到最后？

万科股权之争发展至今，似乎已经形成了各方势力逐鹿万科的局面，但是参与股权之争的各方势力都带有各自的目的，由不同目的而引发的利益冲突或许也是万科的机会。

对于这场资本博弈，我们可以进行如下解析。

1."宝能系"的强弩之末——筹资质押的困局

受股权之争的影响，万科的股价持续下跌，"宝能系"大举增持万科的杠杆风险也渐次凸显。截至 2016 年 7 月 12 日万科股市收盘，因股价下跌，宝能用于增持万科股份的 9 个资管计划全部低于成本价，更为糟糕的是，其中有 6 个资管计划或许已经被套。"宝能系"亏损严重，部分净值已经逼近 0.8 的平仓线。

而正当故事沉浸在万科股价持续走低的氛围中时，7 月 13 日下午，万科 A 股却出乎意料地传出喜讯——万手大单突现多笔，股价迅速翻红。收盘之时，万科 A 股上涨了 1.1%，股价达到 18.32 元，这为此前四天持续下跌的万科股市带来了逆转，也让大小股东对万科股市重新燃起了希望。但是这样的"惊喜"似乎太过短暂，股价上涨仅持续了一天，7 月 14 日，万科 A 股又从 18.32 元降至 17.96 元，跌幅一度达 1.97%。而此次下跌也使得万科市值直接缩水 500 多亿。

早在7月12日，“宝能系”成员钜盛华就曾将手中的万科A股出手质押。7月12日，中国银河证券有限公司收到钜盛华以质押回购的方式质押的万科3735.73万股无限售流通A股。质押后，钜盛华手中的万科股份仅剩10股。质押股权使得钜盛华的持股方式发生了改变，但是其表决权让渡情况却并未有所变更，这就表明钜盛华质押的目的是迅速套现。7月13日，南玻A发出公告，钜盛华手中占据南玻集团总股本2.87%的5955万股南玻A，也以同样的方式质押给了中国银河证券。

“宝能系”豪掷400多亿举牌万科，如今看来似乎正在面临资金紧张的状况。而通过万科A及南玻A的两次质押，“宝能系”应该可以套现约6亿元。

“宝能系”面临的资金问题延缓了它对万科的攻势，万科或可借此实施反击。

2. 宝能华润的尴尬处境——一致行动人的舆论压力

自2015年“宝能系”向华润质押钜盛华股权开始，业界关于二者是一致行动人的猜想便开始蔓延，如今又卷入万科的股权之争，其中的关系，不得不令人浮想联翩。对此，万科独立董事华生多次在微博上发文追问，希望宝能与华润明确二者的关系。

股权纷争中，宝能与华润被质疑为一致行动人，而在一些合作项目上，二者也因为“联系过盛”而遭质疑。追溯至股权之争的初期，宝能刚刚举牌万科，钜盛华就开始向华润质押融资，并且紧接着就开始增持万科。这样一来，华润便成了宝能增持万科的“推手”。关于此事，华生也曾于微博披露，并且经电话查证此事属实。

但是对于助推宝能增持万科一事，华润于7月13日发文回应，声称此事与万科的股权之争并无关联，希望相关人士能够负起企业和舆论责任，不要借机造谣生事。华润方面进一步解释，此次前海人寿项目的合作，华润与宝能已经洽谈两年之久，只不过于2015年7月才正式签署协议。作为增信条件，钜盛华曾向华润质押 20% 的股权，但是这项质押于 2015 年 8 月中旬便解除了。所以，此事并不涉及万科的股权之争。

但是，此番回应并没有实际说服力。华生进一步指出，宝能与华润同时作为万科股东，却在私下进行巨额合营，并在此基础上于公司内部交叉任职，并存在融资买股的行为，这在法律层面已经具备了一致行动人的条件。

对于 7 月 13 日晚到 7 月 14 日早上的华生微博逼问，宝能与华润双方均未做出公开回应。宝能当下面临着资金紧张的压力，而除此之外还要顾及舆论压力；而华润卷入与宝能是一致行动人的舆论风口，也需谨慎少言。

3. 华润置地的新态度——“同万科合作挺好”

对于与宝能是一致行动人的说法，华润用行动做出了解释。2016 年 8 月 26 日，华润置地召开董事会会议，作为华润置地独立董事的王石虽然人没到场，却通过电话的形式参与了董事会会议，并且表示对万科与华润的合作仍然持有开放态度。

会议当中，王石通过电话表示，作为华润置地的独立董事，他将履职尽责。而在万科股权的问题上，王石则表示，华润集团持有万科股权，所以他自己并无权评论。

华润置地首席财务官余建指出，会上并未提及万科股权问题。但作为开发商，在项目层面不排除与万科或其他开发商合作的任何机会。同时，余建坦言：“同万科的合作挺好的。”万科自陷入股权纷争以来，很多合作项目都被迫叫停，一般企业为规避风险而纷纷选择对万科敬而远之。但是余建表示，对于华润来说，只要有合作机会，华润完全可以同万科进行深入合作。

对于万科股权战的另一关联方宝能，华润置地副董事长唐勇表示，当下确有一个合作项目，但是并未安排新的合作计划，并且强调华润并未向任何合作伙伴提供融资，同股同权同比出资一直是华润秉承的原则。

4. 恒大突袭搅局——半路杀出的程咬金

华润态度的转变使得“股权之争”原本剑拔弩张的局面得到了很大程度的缓和，王石的开放态度也让业内人士对于此次股权之争的结局有了一个可以“握手言和”的憧憬。

人算不如天算，股权大战的所有成员似乎还没有到齐。战争好像已经接近尾声，万科四大股东的宝座也已明确，分别为宝能、华润、安邦和万科管理层。可恒大许家印却突然举牌万科，耗资近百亿拿下万科 6.82% 的股权，超越安邦成为万科第三大股东。

现如今的五大股东或将成为日后万科董事会重组的主要成员，随着新势力的介入，在董事会的人员构成上，万科管理层与华润的人员比例将会减少，尤其是万科管理层，而恒大则会轻松获得万科董事会的席位。

乱局当中求商机，这一步恒大走得很漂亮。股权大战中，所有成员都有不同程度的“挂彩”，恒大却能够在最后关头果断出击，轻易拿下一大部分各方“人马”为之“血战”的万科股份。在惊叹之余，我们也应当能看到一些商海智慧。恒大的出击，颇有“鹬蚌相争渔翁得利”的意味。作为一名优秀的企业家，应该具备敏锐的头脑和洞察时机的眼界。

纵观整个战局，“宝能系”或许已经有了退意，或许单纯想以“烧钱”的方式拿下中国最大的住宅开发企业的控股权并不是一个理智的行为。到 2016 年 8 月，股权大战已经持续了一年有余，“宝能系”不仅没有获得多大收益，还让自己陷入了资金紧缺的局面。投资有风险，企业家虽然需要魄力，但很多情况下也要量力而行。

万科的股权格局又有了变化，面对恒大这位后起之秀，华润意欲向万科靠拢。万科管理层虽然不再纠结于去留的问题，但若要真的交出万科，相比恒大，王石还是希望由华润这样的央企国资来接管。至于这场股权争夺战最终的结局，还需要时间来演绎。

预见万科股权争夺的结局

不仅是投资者、企业家，很多局外人士也都非常关注万科股权纷争的结局。一直以来强势增持的宝能能否坚持到最后？退居第二的央企华润能否再次扳回战局？黑石助攻下，万科能否顺利引入深圳地铁？万科管理层又将何去何从？现在很难说清，这些错综复杂的局面在尘埃落定之时将会是什么样的景象。

根据当下的战况，我们可以大致预见以下几种结局。

1. 华润最大股东 + 万科原来管理层

这种情形等于使得一切都回到了原点，是宝能“入侵”之前的状况，而引进深圳地铁的议案则会被暂时搁置。

纵观宝能如今的实力，或许移交部分股权、完成部分退出是当下最好的选择。而要达到这个目的，便要向华润转让股权，华润因而重回万科第一大股东之位。虽说是回到了原点，但万科与华润的信任关系似乎已经回不到从前。但照目前的情形来看，这种回归原点的结局似乎并不符合实际。

2. 华润最大股东 + 宝能 + 新管理层

宝能做出一定让步是此次股权大战的必然，虽然宝能与华润都声明并不存在一致行动人的关系，但是在利益层面，二者仍旧存在共同诉求。若是没有其他力量介入，王石在孤立无援的情况下并无多大胜算。

至于新管理层的人员构成，虽然宝能发文称欢迎万科管理层的优秀管理者继续在万科任职，但这只不过是套路罢了。试想，董事会重组之后，万科原有管理层的董事席位还能有几个？

一旦形成这样的结局，万科势必会在很长一段时间内在业务上陷入低谷。因为华润与宝能虽然有能力吃下万科，却没有足够的能力在短时间内进行消化，万科的辉煌很有可能会成为历史。

3. 华润最大股东 + 深圳地铁 + 万科原来管理层

若想保住万科，保住万科原有的管理层，王石需要借助盟友的力量来牵制宝能的增持。华润与万科已经各自表现出了合作意向，一旦双方联手，就可以确保引入深铁成功。届时，在重压之下的宝能只能选择移交股份而部分退出，这似乎也是王石最希望看到的结局。

在万科的股权大战中，华润的态度起伏不定，究其原因，是没有预见到整个“战争”的激烈程度。2015 年 7 月，宝能举牌万科获得 5% 的股份之后，万科曾向华润求助，希望华润通过增持压制宝能的收购力度，华润没有做出行动。令华润没有想到的是，宝能的攻势竟然如此之强，很快就坐到了万科第一大股东的位置，把华润挤了下去，同时宝能与万科管理层之间的激烈角逐也迅速震惊商界。此时的华润不由得皱起了眉头，感到了一些压力——央企华润丧失万科第一大股东之位的压力。这并不完全是市场的压力，与资金、股份相比，央企更注重面子。这个时候，万科想引入深圳地铁，从而改变大股东的排名情况，即深铁第一、宝能第二、华润第三。屈居老三，这是华润无论如何都无法接受的。于是，为了阻挡深铁入主万科，华润对引入深铁的议案投了反对票，这无形中就与宝能站在了同一战线。随着宝能对万科攻势的减弱，华润要夺回万科第一大股东的位置便有了很大的可能，帮助万科对抗宝能，便有可能成为接下来的行动方向。

深铁不会像宝能那样去贸然夺取央企华润第一大股东的位置，但也不会放弃此次入主万科的机会。深铁与万科深度合作，对于双方来讲都是有利无害的。深铁的引入也可以在一定程度上安抚万科管理层，缓解各方冲突，对于万科实现在恢复元气中发展也是一个不错的选择。

4. 华润最大股东 + 深圳铁铁 + 万科原管理层（王石退出）

第四种结局与第三种结局的不同之处在于王石的归宿。在万科的股权大战中，王石对于自己的言论应当承担一定的责任，这些言论不仅激化了宝能的进攻，也形成了万科与华润之间的嫌隙。

说到王石的归宿，王石是整个万科团队的精神领袖，他的退出可能会形成士气低落的局面，进而影响万科的业务发展。但是从长远来看，王石的退出对万科的影响并不大，或许他的离开能够使得万科懂得优化管理层和大股东之间的关系。

王石的归宿或许也可以称为万科管理层的归宿。虽然万科管理层的成员之间在经营理念、经营风格上不一定完全一致，但在面对宝能的强势入侵时，相信他们一定是高度一致的。倘若最终的结果是王石离开万科，他也许会把接力棒交给郁亮，这对于万科的发展没有问题。但是面对王石的离开，其余管理层人员继续留任的可能性或许也不会很大。

5. 华润最大股东 + 宝能 + 恒大 + 新管理层

我们不能忽视恒大这位后来居上的举牌者，许家印的突袭远没有财务投资那么简单，或许他在布一盘更大的棋局。随着棋局的演变，“股权大战”这场“战争”的结局或许会发展成为各方联军势力最终战胜万科管理层，拿下万科控制权的局面，而万科管理层则会集体离开。

万科董事会要进行重组，这已是意料之中，而万科管理层的集体退出也并非没有心理准备。商界流传着一个说法，称王石无论去留都不算输。进是一种勇气，退也是一种智慧。王石完全可以带领着他的创业团队在商海重新打造出一片天地，演绎出另一段传奇。

对于万科来说，最好的结局应该是国企控股，或者是两三个国企联合控股，然后现有的管理层继续留任，这在一定程度上会加强管理层与大股东之间的直接沟通，并且形成互相监督，由此形成一种权力制衡的格局，毕竟有制衡才能长久。

当然，这些仅仅只是猜想，恒大的搅局使得万科股权大战的战线又延长了许多，但这也预示着这场“战争”的结局将更加精彩。至于以上这些猜想到底哪一个更接近结局，还需要时间来证明。我们现在能做的，依然是静观其变，期待尘埃落定的那一刻。

万科股权争夺战的意义何在？

据英国《金融时报》报道："一场蛇吞象的股权之争在中国打响，员工不到 300 人的小型保险公司宝能集团通过购买股票，成为房地产巨头万科的最大股东。"业内人士都知道，万科集团可是拥有 4 万员工的商业巨擘，董事长王石的形象更是光鲜，在大多数人的眼中，他是一个执着的旅行者、极限运动支持者、环保主义先锋……他还经常利用假期到哈佛、剑桥等名校深造。但最令人称道的是，他没有像大多数中国企业家那样，将公司的股权牢牢攥在手里，而是选择放弃，让董事会的小股东们可以百家争鸣，各抒己见。

令王石没有想到的是，宝能集团的出现打破了万科的秩序，宝能在持有万科 24% 的股权之后，做出了一个惊人的决定——提议罢免万科的所有董事。此决议一出，震惊整个商界，这意味着王石、郁亮、乔世波等曾经为万科立下汗马功劳的"重臣"要全部离开。而宝能的董事长姚振华为此决议做出的解释是：王石于 2011 年 ~ 2014 年担任万科董事期间，前往美英两国留学，长期脱离工作岗位，却依然从万科拿走 5000 余万元报酬。

这个理由备受外界诟病。当年，马云也曾经在担任阿里巴巴 CEO 期间出国游历，并会见各国重要人物；京东的创始人刘强东也曾在任职期间远赴哥伦比亚游学，并认识了奶茶妹妹。如果出国游历就算玩忽职守，那马云和刘强东是不是也要被董事会罢免呢？

事情不能一概而论，有关专家表示：衡量一名企业领导人是否称职，应该看他任职期间为企业所做的贡献，以及企业在此期间的发展状况。我们看看万科从创立到现在走过的历程：

1988年，王石参加了深圳威登别墅地块的土地拍卖，并在12月发行了中国大陆第一份《招股通函》，自此，万科依靠发行股票融得2800万资金，开始进军房地产；1988—1990年，万科的规模逐渐扩大，并于1991年1月29日在深圳交易所上市，成为当时最早完成股份化改制和上市的房地产公司；1999年以后，王石发起组织了“中国城市房地产开发商协作网络”，致力于推动中国城市住宅产业的良性发展；万科稳定后，王石还积极参加公共事业，先后当选为深圳市社会组织总会会长和壹基金执委会主席。

一直到现在，王石依然兢兢业业，为了万科的发展日夜操劳。由此可见，宝能决定罢免万科董事会成员的理由显然是不充分的，甚至可以说是“莫须有”。那么，宝能为什么要斥巨资成为万科的第一股东？它要求罢免万科董事会的真正意义何在呢？

“天下熙熙皆为利来，天下攘攘皆为利往。”宝能争夺万科股权的意义也在于此。香港著名房地产分析师高建峰更是一语道破了玄机，他表示：万科自上市以来，财政表现一直良好，这家公司在2014—2015年实现了18%的高回报率，而中国其他上市公司的平均回报率只有10%。不仅如此，中国上市地产开发商股息的平均收益率为5%，比保险公司的年投资回报率还要高0.3%。也就是说，宝能这样的保险公司如果能入股万科这样的房地产巨擘，就可以分得巨大的红利。再者，它现在可以将万科列为自己的联营企业，从而将万科的股息纳入自己的损益表。宝能的这次恶意收购也给了王石一个教训，在这个时代，股权分散且有足够影响力的中国企业不得不提防身后的“潘多拉之手”。

说到这里，问题也只是解决了一半，高建峰认为：姚振华如果只是为了获取高额的股息，根本不需要完全控制万科，他只需要获取万科 20.1% 甚至更少的股份就可以实现自己的目标。而目前，宝能已经将万科的股份增持至 24.5%，并且没有任何要收手的意思。

上文曾经提到，姚振华坚持要换掉万科的董事会，这其实是一个非常大的疑点。一般情况下，即便是企业的股权发生了巨大变更，董事会的原有成员也不会被完全替换。因为大家都知道，资深的董事非常了解企业，他们看着公司一天天发展壮大，有着丰富的运营经验和管理经验，抛弃他们，就意味着动荡和混乱。当年，乔布斯因为各种原因被赶出苹果，但苹果公司的董事，以及支持乔布斯的高管几乎都没有受到任何影响。在商界摸爬滚打多年的宝能集团不会不知道这些道理。由此，我们可以大胆猜想，姚振华执意驱逐王石等董事的直接目的或许就是为了垄断万科，成为万科的实际控制者。

其实，姚振华此举已经和王石的理念相悖。在王石领导下的万科，小股东在董事会的分量之重前所未有，每年的股东大会也成为小股东的演讲台，他们各抒己见，发表着自己对万科发展的看法。万科的民主文化也一直为外界称道和向往。但随着宝能的入股，这一切都会被打破。

身为万科灵魂人物的王石当然不会允许宝能的行为，他曾试着求助华润这个原第一大股东，但他很快发现，这个曾经的老大哥并不太热衷于帮忙。不但不帮忙，华润还屡次阻止王石“搬救兵”抵制宝能。从华润反对深圳地铁入股万科的那一刻开始，王石终于明白，宝能和华润联手了。

华润反对深铁入股万科的理由有两个：第一，本次万科增发的股价过低，只有 15.88 元，而资本市场的估值测算已经达到了 21 元。其实，这个理由只能说服不明就里的媒体或者业外人士，懂行的人都知道，万科每股的净资产为 9 元，而资本市场上的炒作金额根本不能作为股票的定价依据。这个理由显然没有说服力。第二，深铁注入的净资产在未来两到三年内不会使万科盈利，还会将原来的利益稀薄 20%，影响股东利益。这个理由看似冠冕堂皇，实则未必。试想一下，万科作为房地产公司，从买入土地到售卖房屋需要一定的开发周期，少说也要 3 年，而且，华润本身也有地产业务，这样说完全是自欺欺人。

对万科来说，以 15.88 元的价格增发股票并不是低价出售，对万科的众多大小股东来说，引入深铁也是有百利而无一害。与其他地产大亨相比，万科拿地的价格并不低。2015 年以后，房地产市场发生了巨变，优质的土地资源更加稀缺，因此，作为房地产开发公司首先要考虑的就是安全。毫无疑问，地铁开发的抗风险性最强，而且，深铁能拿出很高的土地储备，远超华润与宝能。还有，随着地铁沿线的陆续开发，对万科而言也是很好的发展机会。

问题明了之后，我们不禁要问，宝能和华润究竟是为了大多数投资者和客户着想，还是只关注自己的利益？对于万科而言，不施行“毒丸计划”，坚持自己的初衷，这才是最重要的。

vanke

PART 11

万科法律博弈下的归宿

万科事件讲情怀还是讲法律?

万科股权大战已持续一年有余，随着事态的发展，战局开始走向法律程序。一直以来，在市场的宽松环境中，参战各方都在“自说自话”，公众们只是在各方接二连三的公告中了解着形势的发展。

但是很快，我们就发觉了一个现象——这场备受瞩目的商海大战似乎已经沦为舆论主导下的“口水战”，股权争夺的战场也从市场转到了公众平台，各方武器由原来的资金转变为相互攻击的文字，“武斗”变成了“文斗”。文斗也是纷争，既然走了法律程序，那我们就期待“股权大战”的法律博弈如何进行。

然而尴尬的情况仍在持续，在法律和规则的掩护下，各方的征战仍然依赖舆论，法律界定越来越模糊，这样的局面源起何方？已经走上法律程序的万科，又将走向何处？

这场跨年的股权争夺战仍在持续，面对困局，万科不改初衷，坚守着一直以来的“情怀”。在资本为王的商海，情怀能否凌驾于规则之上，成为掌控市场的重要力量？收购方与万科的角逐似乎已经演变为市场规则与企业情怀的对抗。在这场持久战中，情怀和规则到底哪个重要？

“万华之争”的法律看点

华润起初并未想过要与万科为敌，面对万科的求助，华润只是表示“爱莫能助”。二者矛盾的起因是万科意欲引进深圳地铁，这会使得华润在丢失万科第一大股东的位置后，再度后排第三。这才导致董事会上，对于引进深铁议案，华润方面持反对态度。由此，万科与华润的法律分歧出现。

1. 万科独立董事张利平的回避事由是否成立？

在引进深铁的议案表决中，张利平选择回避。然而，决定议案是否通过的三分之二投票比例的关键，却落在了张利平回避的这一票上，万科与华润由此陷入了投票基数的争论当中。

对于自己的回避态度，张利平称，自己与此次的交易对象深圳地铁存在相关关系和利益冲突，而深交所在上市规则中规定，此类情况应当予以回避。据公开资料显示，张利平现任黑石集团大中华区主席。张利平向万科董事会提交的书面申明中表示，对于此次引入深圳地铁的表决议案，由于其本人任职的黑石集团正在与万科进行一项大型商业物业项目的洽谈合作，此中存在潜在关联和利益冲突。而万科公司章程第 152 条规定，凡公司董事与董事会会议决议事项所涉及的企业存在关联关系，一律不许对此决议行使表决权，也不得代理其他董事行使表决权。此规定与《公司法》第 125 条的法律条文基本一致，所以，张利平选择回避。

但是张利平的解释，并没有太大的说服力，他对公司章程提到的“事项所涉及的企业”中的“企业”字眼存在一定误解。这里的“企业”在当下指的应当是深圳地铁，而不是张利平所任职的黑石集团。

对于“关联董事”的有关规定，深交所上市公司的相关规则显示，若董事会成员包含下列情况之一的，当列为“关联董事”，即不得在相关事项的议案会议上行使表决权：

（1）该董事属于交易对方；

（2）该董事在交易对方任职，或者在能够直接或间接控制交易对方的法人或其他组织中任职，抑或在交易对方直接或间接控制的法人或其他组织中任职；

（3）该董事对交易对方拥有直接或间接的控制权；

（4）该董事是交易对方或是其直接或间接控制人的关系密切的家庭成员；

（5）该董事是交易对方或其直接或间接控制人的董事、监事及高级管理人员的关系密切的家庭成员；

（6）该董事是中国证监会、深交所或是上市公司认定的因为其他原因而使其独立的商业判断可能会受到影响的人士。

也就是说，张利平需要证实自己与本次交易存在“关联董事”的关系，才能够实施表决回避。但是张利平并没有如实披露相关关系的具体内容，而是以自己所任职的单位与万科正在洽谈商业物业项目作为回避理由。所以，张利平这样的回避理由并不成立。

万科与华润乃至张利平本人都未曾披露张利平或是黑石集团是否与深圳地铁存在关联，对于现有资料的查证，还不足以进行准确判断。此次的回避申请是张利平自己提出来的，所以是否作为“关联董事”关系的证据，还需要张利平自己举证。

2. 对于董事会的决议异议，华润是否会起诉万科?

《公司法》第22条规定，董事会成员若对董事会决议存在异议，可以就此提起诉讼，要求董事会撤销相关决议，诉讼期限通常为两个月。也就是说，华润可以根据董事会决议的异议在两个月内提起诉讼。

华润方面认为，关于引入深铁的决议，董事会成员对于投票基数与投票结果存在争议，万科不应该在此种情况下发文声称董事会已通过议案。

而《上市公司信息披露管理办法》规定，若企业发生可能对上市公司证券及其衍生品种交易价格产生较大影响的重大事件，在投资者尚未得知的情况下，上市公司应当立即披露，说明事件的起因、目前的状态和可能产生的影响。所以，万科披露公告不但没有违反相关法律，而且是正常的法定程序。在企业中，既然召开会议，那就会产生相关决议。对于深铁议案，万科的董事会层面以及董事会秘书可以根据自己的了解对外发布相关公告，企业的对外行为在很大程度上有企业自己的相关考虑，这原本就无可厚非。

如果万科因为存在争议而未及时对外发布公告，那就等于对外宣告董事会的决议结果存在争议，董事会并没有在深铁问题上通过议案，那就更不利于万科重组项目的后续发展。

上市公司的公告应当确保真实、准确和完整，在万科公布的相关公告中，如果能够说明所有董事会成员的具体意见，包括支持、反对和回避的具体细节，将会形成更好的效果，这也有利于董事会成员之外的大小股东对公司未来的发展方向和现下的投资价值做出更为全面的评估和推演。

倘若华润对董事会决议存有异议，仍旧可以对万科提起诉讼，这种通过诉讼撤销董事会决议的案件于商界来说也较为常见。

3. 继任独董之战是万科重组方案的关键

继2016年6月17日，万科重组预案之后，第二次董事会会议计划在两个月后召开。在第二次董事会会议上，预案一旦通过，便可以正式成为重组方案，而后交由股东大会进行审议。

但目前的万科却正处于独立董事换届的时段，需要换届的正好是持回避态度的张利平。中国证监会《关于在上市公司建立独立董事制度的指导意见》规定，独立董事的连任时间不得超过六年。张利平自2010年8月开始担任万科的独立董事，至2016年8月已经连任两届，达到了六年期限。也就是说，万科重组的第二次董事会会议召开的时候，张利平也许已经不在位了。

因此，张利平的“接班人”对于引入深铁的态度在一定程度上决定了万科重组的成败。而在董事会召开之前，万科或许会召开一次临时的股东大会，用以选举新一任独立董事，届时又将是华润与万科的提名与选举之战。

4. 万科重组战线再度拉长，增发计划能否通过股东大会？

为了促进万科重组的实施，万科决定采取增发计划分散股权。但是增发计划还未付诸实施，历史性的一幕却再度上演：万科刚公布将要实行增发计划，华润紧接着就发文表示，对万科事先未认真考虑董事意见就对外宣称议案已经通过的做法深感不满。

华润的反应如此激烈，实则没有必要，因为增发计划是否通过，其决定权不在董事会，而在股东大会。《公司法》规定，股东大会做出公司章程的修改、增减注册资本的决议，以及做出公司合并、解散、分立或是变更公司形式的决议，都需经由三分之二的股东投赞成票方能通过。所以，万科增发股票的结果需要在股东大会进行表决。

但是，即便增发计划在股东大会上获得通过，最终也不一定能够施行，因为增发计划要跨越的门槛远不止股东大会这一道。一方面，此次交易属于以发行股份的形式购买资产，最后的结果还需交由中国证监会并购重组委进行审核；另一方面，万科的股票架构是 A+H，这就意味着此次重组方案需要两类股东共同同意，而由于此议案的特殊性质，A 股与 H 股的股东需要分开表决，两方股东的赞成票必须都通过三分之二，议案才能最终通过。

所以，华润若是持反对态度，只需要保证参与股东大会的三分之一以上股东投出反对票即可。

股权大战舆论当道，法律界定又在哪里？

从最初的“宝万之争”发展到“华万之争”，随着介入者不断增多，万科股权之战最终升级为全面混战，宝能、华润、万科管理层，以及中小股东们都在步步为营，努力维系着自己的战场，不断在舆论界互爆黑料。

全面混战的局面有多乱？仅从各方陆续发布的公告便可探知一二。同时还可以看到，混战完全建立在舆论的基础上，过度依赖舆论，争议本身反而被忽视了。不仅公众关注的焦点被迫转移，就连当事各方也脱离了纷争的本质。

首先是华润对万科董事会上引进深铁的会议结果存在异议，为此还专门召开了万科股权争议论证会，质疑万科发布的会议结果的有效性；对此，万科方面也迅速做出回应，万科最大的自然人股东、王石的铁杆支持者刘元生随后将一份举报信投向了七部委，信中质疑宝能与华润的一致行动人关系；万科工会也紧随刘元生之后，起诉宝能的举动损害了万科其他大小股东的利益。这些还只是股权大战中大股东与管理层之间的混战，最大的利益主体之间已经到了如此地步，外围的纷争也就可想而知了。

不论是华润喊话万科、刘元生强势反击，还是万科工会的诉讼维权，表面看来，这场股权大战已经逐步走向法律程序，可仔细观察，我们不难发现，这些公告是存在缺陷的，与其说是付诸法律、遵守规则，倒不如称其为在舆论施压下争夺话语权。

这种说法并非没有根据。首先来看华润，华润罗列了很多专家观点，但是很显然，法学专家的影响力并不等同于法律效力；在刘元生的举报信中，桩桩“猜想”、件件分析都言辞凿凿，却不免掺杂了太多的想象与主观臆断；而万科工会的诉讼实则并不合理，一方面宝能原本就是万科的大股东，另一方面宝能并没有掌握万科的实际控制权，这种情况下，宝能顶多算一个局外人，又如何有“侵害股东利益”之说呢?

这种局面的失控并非没有原因。在事情的演变和各方的处理方式上，舆论总是占据大篇幅的新闻版面。战况在“非官方”的方向中徘徊，“官方裁判”迟迟没有出场，这就导致了脱离控制的混战在舆论的催化下，由僵持走向失控。在万科的股权大战中，舆论在给战局“添乱”的同时，也在一定程度上反映出了一些隐晦问题，而这些都存在需要深挖的价值，有些疑点背后甚至涉及法律责任。倘若舆论形成之初，相关部门就重视起来，在调查的同时明确市场规则，那么这场混乱在最初的时候或许就可以被阻止。而这种乱局出现的深度原因，需要从参战各方自身的角度去探究。

1. 华润的先天优势：跳出资本博弈的“倒戈”情绪

华润是央企，又有国家撑腰，说话做事难免“腰杆子”会直一些。华润可以容许资产缩水，但不能容忍不被尊重，在利益面前，央企更重要的是维护形象。

所以当宝能增持万科，挤掉华润成为万科第一大股东的时候，华润是憋着气的。在宝能增持初期，华润也通过增持夺回过第一大股东的位置，但宝能显然是有备而来。随着“宝能系”的大举进攻，宝能手中的股比迅速超出华润将近 10%，华润再想夺回第一的宝座，已经不太容易了。但当万科意欲引进深铁压制宝能的时候，华润不但不支持，还做出了相反的举动，给万科泼了一盆冷水。究其原因，一方面是万科事先没有与华润打好招呼，华润认为万科对华润没有应有的尊重；另一方面深铁的加入会令华润的股东位置滑落第三，这实在有失央企的颜面。所以，华润压抑的情绪在万科重组的导火索下集中爆发，这才有了指控万科单方公布董事会决议的公告。

2. 万科的傲娇模式：群山之巅上的“滑铁卢”

业内对于万科股权大战形成混战的起因存在这样一个说法：万科的股权之争实际上只是一个简单的寻求规则的问题，而规则要达到的目的就是万科的管理层接受股权规则的约束。这从一个侧面反映出，万科对其模式应当进行反思了。

万科走到如今的高度，在获得业内广泛赞赏的同时，也成为社会各界广泛关注的对象。正所谓树大招风，身处什么样的高度，就意味着要承担相应的责任，同时更要谨言慎行，因为稍有不慎，再小的细节也会暴露在公众面前，而舆论之下，众口铄金的威力足以压倒万科这个“庞然大物”。

万科管理层成了舆论眼中的猎物，随着万科股权大战的发展，围绕管理层的质疑也在持续跟进。合伙人制度是方便管理层从中获利的渠道、内部人控制的黑幕、王石个人薪酬有违常规等质疑层出不穷，但这些均未得到万科管理层的明确合理解释。

万科的管理层在管理万科的过程中，也在通过增持股份来稳固和增强对于万科的控股权，若是万科能够改进现有的管理模式，结合不断增持的发展势头，努力赶超成为第一大股东也不是没有可能的。即便是对抗突如其来的股权争夺战，其应对能力也会比如今要强很多。

3. 相关部门的置若罔闻：混战局面的“催化剂”

运动场是双方运动员的角逐战场，裁判若是不露面，“自我裁决”“自说自话”的局面就难以避免。如今万科股权争夺战的混战局面便是这样的一番景象，并且双方自我裁决的方式不是规则，而是披着规则外衣的舆论。

在民事诉讼中，规则是“民不告，官不究”，但政府是市场的监管者，面对股权大战中暴露出的诸多疑点，相关部门应当充分发挥自身力量，担起自身责任，进行调查追究，而不是置若罔闻。如果说股权之争在舆论的“庇护”下，在很多层面触及了法律与监管的盲区，那么此时相关部门要做的不是回避，而是予以重视。

股权大战的乱局仍在继续，若是监管部门在舆论的压力下被迫出手，也应该采用市场规则进行评判，切忌为了附和舆论而强行进行行政干预，否则会为市场正义带来负面影响，万科的品牌形象也会因此受损。

万科法律博弈将走向何方？

万科的“股权大战”自2015年7月宝能举牌万科开始，在“宝能系”大举增持万科股份的攻势下，万科于2015年12月宣布A股停牌，之后参与者持续增多，股权大战逐渐步入白热化。时至2016年7月，万科A股复盘，公众却没有看到结局，一波三折的战局反而将战线再度拉长。参战各方从资本博弈逐渐走向法律博弈。

呈现在公众面前的法律博弈大都伴随着舆论，而当我们抛开舆论，去挖掘法律博弈的深层面目时，其相关走向也就相对明确了。

1. 民事诉讼：是非曲直自有公断

万科工会指出“宝能系”旗下钜盛华、前海人寿、南方资本、泰信基金、西部利得持续增持万科股份的行为严重损害了其他股东的利益，并于2016年7月4日向深圳市罗湖区人民法院提起诉讼。根据《民事起诉状》，万科工会的诉讼内容主要有如下几条：

（1）请求判令持万科A股股份达到5%的5名被告，继续增持万科A股的行为属于无效民事行为。

（2）请求判令5名被告在《证券法》及《上市公司收购管理办法》规定的限售期届满后，通过深交所的集中竞价交易系统期限改正其无效的民事行为。

（3）请求判令5名被告在改正违法行为之前，不得对其违法持有的万科A股股票行使表决权、提案权、提名权、提议召开股东大会的权利及其他股东权利。

（4）请求判令第三人（指万科公司）在5名被告违法行为改正之前，就5名被告违法持有的万科A股股票不予计入股东大会议案的有效表决权，对5名被告对违法持有的万科A股股票行使提案权、提名权、提议召开股东大会的权利及其他股东权利不予接受。

2016年7月5日，深圳市盐田区人民法院也发出一封《立案通知书》，两位原告都是万科的中小投资者，立案的案件有两个，均是状告万科，两位原告的诉讼请求是：判令撤销2016年6月17日万科企业股份有限公司第十七届董事会第十一次会议“通过的”十二项董事会决议。这两起案件目前已由法院正式受理。

两位原告同时表示，此次起诉万科并不持任何立场，也与万科内部大股东之间的利益纠纷没有关系，仅仅是为了维护中小投资者的合法权益，属于公益性诉讼。

万科工会及两位万科投资人的三起民事诉讼案已经进入法律程序，法院受理之后，形成的情况存在以下几个方面：

“宝能系”增持5%以上万科股份行为的有效性须交由司法部门进行审查；万科引入深铁进行重组的董事会决议的有效性也须交由司法部门进行审查；在司法部门的审查结果公布之前，无论是“宝能系”购买超过5%的万科股份的行为有效性，还是万科引入深圳地铁进行重组的董事会决议的有效性，其效力都暂时处于待定状态。

这一局，万科管理层与收购方胜负未分。

2. 行政举报：公法先行后来居上

2016年7月4日，刘元生向中国证监会、国务院国资委、香港联交所、中国银监会、深圳证监局、中国保监会、深圳证券交易所七部委递交了一封公开举报信，举报信提出了如下问题：

（1）宝能与华润在哪些项目上达成了一致行动人的交易？双方存在多大的利益关系？又有多少合作项目？

（2）宝能与华润是在何时就万科第一大股东的地位问题开始谈判交易？先后达成过哪些秘密协议？

（3）在万科引入深圳地铁的重组议案中，双方同时出尔反尔，背后是否存在阴谋？

（4）隐瞒双方达成第一大股东易主的秘密协议，是否已明白无误涉嫌内幕信息、内幕交易和市场操纵？

（5）大量迹象表明，宝能用于收购股份的资金并非来自合规的银行资金，这是不是表明宝能意欲通过违法资金和不合规主体进行收购并控制上市公司？

面对刘元生对宝能与华润关系的质疑举报，华润于2016年7月14日经由律师事务所发表声明进行声誉维权，表示刘元生的举报信纯属捏造事实。华润方面同时发出声明函，责令刘元生本人及刊登举报信的平台立即删除相关文章及内容，停止一切侵权行为，并要求刘元生公开道歉以消除不良影响。

炸弹又被推了回来，刘元生也不甘示弱，委托律师事务所进行反击，声称举报信中的质疑内容均有公开或可信的证据来源，绝无捏造和臆断的可能，华润方面应当依法向监管部门及公众做出如实回应。同时，刘元生呼吁监管部门尽早介入调查。

事态演变成了“太极对峙”。7月19号，万科又向中国证监会、深圳证券交易所、证券投资基金业协会、证监会深圳监管局提交了一份《关于提请查处钜盛华及其控制的相关资管计划违法违规行为的报告》，报告中对宝能通过资管计划持有万科股票的合法性、违反资管法律法规恶意增持损害中小股东权益、表决权让渡不合法，以及信息披露违规等方面表达了全面质疑。

万科前后两次的诉讼行为属于行政举报，这属于公法范围。法律规定“先公法，后私法”。由于行政行为的法律规定期限较短，加之民事诉讼属于私法范畴，所以对于民事诉讼和行政举报，监管部门应当优先处理后者。之后，司法机关才能根据处理结果做出民事裁决。因此，监管部门的说法势必会影响到民事诉讼的判决。

万科的法律博弈似乎与资本博弈一样，随着事态的发展而越发复杂了。

3. 监管部门：山芋烫手难断曲直

万科的股权争夺战还处在舆论纷争层面时，监管部门一直无动于衷；后来升级至民事诉讼，监管部门也是一副回避态度；而到了行政举报阶段，监管部门在压力之下不得不出手。

不得不说，行政举报事件着实给监管部门出了一道难题，还没有理清事情方向、排好处理顺序的监管部门决定先给双方来个下马威，于是双方的程序问题成为监管部门首先下手的对象。2016 年 7 月 21 日，深圳证券交易所分别向万科股份有限公司和钜盛华股份有限公司发出监管函，指出：万科向非指定媒体透露涉及所有股东利益的公司重大信息的行为涉嫌违规，钜盛华备置股权变动相关备查文件的行为违反监管要求。监管部门同时给双方亮出了黄牌。

即便如此，双方的争论仍然令监管部门头疼不已。万科工会指出，“宝能系”虽然拥有万科 25% 的股份，但是 5% 以上股份购买行为的有效性仍然有待司法部门审查，所以在审查结果出来之前，“宝能系”持有的 5% 以上的股份是无效的，也就是说，“宝能系”无法行使作为万科第一大股东的相关权力。

刘元生进一步表明，宝能收购资金的合法性同样有待监管部门确认，且宝能与华润已经构成一致行动。法律规定，一致行动人所持有的股份一旦超过 30%，则需进行要约收购，收购方不得强行收购。

万科的独立董事兼经济学家华生支持刘元生的说法，并且指出万科的当务之急是在股权纷争中反思出更为优化的政策和制度，以便更好地应对当下所面临的问题，并且杜绝此类事件的再度发生，以此来推动证券市场的制度建设。

监管函的警告只是小惩，要完全评判万科股权之争的是非曲直，其实并不容易。即便监管部门身兼行政执法机关、立法机关，以及有裁决权的准司法机关，对于这样错综复杂的利益纷争，要真正上手治理，恐怕也是有心无力。

随着三起民事诉讼、两起行政举报的演进，以及律师发声、监管部门出面的推动，关于万科股权的争议已经进入法律博弈的深水区，引起了商界、资本市场、新闻媒体、政府部门、司法机关，以及学术界的关注。而不管万科事件的法律博弈如何发展，公众希望看到的还是市场和法治的胜利。万科的归宿从来都不属于大股东，也不属于管理层，万科只属于全体股东。

万科事件：规则和情怀哪个更重要？

万科股权大战是管理者与资本方的一场角逐，虽然在中国并不是第一起，但是此次股权争夺战对于整个商界的影响绝对是空前的。在舆论的推波助澜下，其发展动向犹如一场精彩绝伦的大电影。

在股权大战的混战中，以王石为首的管理层和以宝能为首的资本方各自拿起了企业情怀和法律规则的盾牌，想要通过手中的武器打倒对方，以达到自己的目的。

到底“情怀”和“规则”哪个更重要？这也是引发公众讨论最多的话题。一方认为，在冷酷的资本市场，企业家的情怀难能可贵，所以要支持情怀；而另一方却说，任何不讲规则的情怀都是耍流氓。那么，哪一方的说法更有道理？万科又应做出怎样的选择？

这些年，有股很奇怪的思潮，将中国经济和社会发展中出现的一些问题归咎于企业和企业家对利润最大化的追逐，甚至有人煞有介事地提出：企业和企业家最应追求的是社会责任，而非利润。

食色性也，欲望从来都是无罪的，出问题的不是欲望本身，而是调控、引领欲望的规则。这个世界从来都不缺乏与荷尔蒙相关的犯罪，但能否因此得出一个阉割天下、一了百了的结论呢？

我们不得不承认，没有情怀只考虑利益的企业家或企业，有些事情肯定是做不成的。所以，身为一名企业家，情怀是一定要有的。倘若一个人能够跳出利益之外，愿意为梦想或是为他人去做更多的事情，那他一定会对自己所做的事情存在更多的坚守。世界上的很多事情、很多梦想都是无法用钱买来的，有时候成功靠的就是一种信念，而能够为之坚守下去，便是一种情怀。王石创立万科之初，便有着把万科打造成“中国企业的治理典范”的情怀，为了这个情怀，王石成就了中国房地产界“万科制造”的商业传奇，成就了一个有理想主义追求的企业，形成了商界津津乐道的“万科精神”。

但是，在企业的经营管理过程中，若想把企业做大做强，仅仅依靠情怀是无法做到的。即便有幸发展出较大规模，经营管理过程中也会出现各种各样的问题。

经营企业是资本家的游戏，资本市场运行的标准是市场规则，单纯的情怀并不能够支撑企业顺利成长。企业家及企业要拥有情怀，但更要懂得修炼情怀，真正的情怀应当充满理性，在关键时刻能够为企业的发展做出让步甚至是妥协。

规则，是商业发展的约束力量，是市场经济正常运行的基础，倘若没有规则，企业家在经营企业的过程中，很容易因为情怀的影响而偏离正常轨道。在管理企业的层面，情怀是情感，规则是模板，二者是相辅相成的。摒弃模板的随性而为不是情怀，而是感情用事。所以，情怀应当建立在商业规则的基础之上，而不可无视商业规则。

所以，在情怀和规则面前，对于经营企业而言，规则比情怀更重要。下面我们来盘点一下万科事件中规则与情怀的那些事。

1. 万科：情怀输给了规则的“神伤”

万科在 1988 年开始进行股份制改革，作为管理层的王石带头放弃了股份，从此，万科开始实行股权分散制度，即便是管理层之外的大股东，股份也控制在 14% 左右。此后，公司有过几番激励管理层的业务机制，但王石并没有趁机拿回股权，他对自己的身份做了明确定位——职业经理人。王石希望通过情怀来呵护万科成长，但是管理层持股比例低，遇到市场中的资本博弈，万科管理层其实没有多少抵抗力。

股权分散、管理层对公司没有控制权的股票结构在上市公司中并不常见，因为这样的公司很容易被收购。万科并没有通过制定规则去建立一些反收购的措施，如果万科在宝能发难的最初便开始采取系列措施，事情或许会是另外一番情形。只可惜，万科由于情怀的驱使而对宝能初期的进攻无动于衷，认为万科既然已经挺过了22年前的“君万之争”，那么如今的“宝万之争”自然也不在话下。但是这一次，万科失算了。

既然放不下情怀，那么完善一下既有的规则也是非常有必要的。但在万科看来，“规则”似乎总是一个冷门的词汇。

2. 收购方：规则范围下的理直气壮

当宝能大举增持万科的时候，被万科定义为“野蛮人”，万科也将此次收购行为定义为“恶意收购”。但这些情绪的表达，很多都是建立在个人主观情感之上，其实并不合理。因为在市场环境中，收购活动是很普遍的事情，只要是按照市场规则来进行，那就是正常的收购行为。

宝能举牌万科，在万科看来是来者不善，但对于宝能而言，这只是商业活动，举牌的时机正是万科股价相对便宜的时候，正常的企业都会找最合适的时机开展商业活动。即便宝能有控股万科的打算，在商业领域，那也是无可厚非的，不过是资本的博弈罢了。如今万科事件陷入混战，宝能若要行使作为万科第一大股东参与公司运作的权利，也是合情合理的。

实际上，管理层秉承的情怀也好，收购者推崇的规则也罢，其目的都是为了促进整个市场的顺利发展。情怀与规则原本就不应该处在对立面。除了情怀和规则，针对万科股权争夺事件，我们更需要关注的，或许应该是金融资本在收购时采用的高杠杆手段能否顺利应用于优质企业？企业信息的公开透明度是否应该同步于大股东之间？面对企业商业活动中的疯狂举牌狂潮，相关部门是否应该出面监管，又该采取什么样的方式介入？华润作为央企，对于国有资产介入市场参与股权争夺的行为，是否应该对公众做出更加明确的交代？这些才是万科股权争夺战的核心内容。

王石与他的管理团队是中国企业家的榜样，在他们坚守的情怀中，有着理想主义和社会担当的气质，这在资本市场中是非常难得的。当然，鼓励企业家秉承情怀，并不意味着要破坏规则。在股权大战中，倡导情怀和规则的各方不应该再纠结于这两者，法律程序也应该避开二者的影响，力求做到公正透明，争取早日结束混乱局面。

一位成熟的企业家懂得用情怀去丰富自己的人生，懂得通过情怀去打造企业的形象，更懂得修炼情怀，使之成为规则之下推动企业稳步前进的助力。万科的股权大战不论结果如何，都会被载入商海史册。它带来的启示或可成为后世企业家驰骋商海的圭臬，而它形成的教训则可作为商界引以为戒的前车之鉴。